Anselm Grün

Was gutes Leben ist

Anselm Grün

Was gutes Leben ist

Orientierung in herausfordernden Zeiten

Herausgegeben von Rudolf Walter

HERDER

FREIBURG · BASEL · WIEN

MIX
Papier aus verantwor-
tungsvollen Quellen
FSC® C014496

© Verlag Herder GmbH, Freiburg im Breisgau 2020
Alle Rechte vorbehalten
www.herder.de

Satz: Carsten Klein, Torgau
Herstellung: GGP Media GmbH, Pößneck

Printed in Germany

ISBN Print: 978-3-451-03274-5
ISBN E-Book: 978-3-451-82186-8

Inhalt

Einleitung

Was kann ein Mönch zu den Fragen sagen, die Menschen in der Welt heute umtreiben? Als während der Wochen der sogenannten Corona-Krise die Regierung Quarantäneregeln aufstellte, die Menschen eine zeitweise Abgeschiedenheit zu Hause vorschrieben, habe ich viele Anfragen von Journalisten bekommen. Sie wollten wissen, was wir als Mönche dazu beitragen können, dass die Menschen gut mit dieser für sie ungewohnten Situation umgehen können. Anlass war das Buch, das ich dazu geschrieben hatte. Die Offenheit für Erfahrungen, die wir in den Klöstern seit über 1500 Jahren mit der freiwilligen Quarantäne gemacht haben, hat mich gefreut.

> Wie kann die Erfahrung der Mönche neue Perspektiven für die Gesellschaft auftun, die jetzt vor ungeahnten Herausforderungen steht?

Denn Klausur, Abgeschiedenheit von der Gesellschaft, die Entscheidung, sich in seine Zelle zurückziehen, sich dort selbst auszuhalten, also Stabilitas loci zu leben, all das führt zu Erfahrungen, die auch den Menschen hilfreich sein können, denen von außen eine Quarantäne aufgezwungen wurde.

Die Mönche sind ja nicht ins Kloster gegangen, um dem Leben auszuweichen. Der hl. Benedikt möchte mit seiner Regel vielmehr denen einen Antwort geben, die Lust am Leben haben, die das Leben suchen. Im Prolog seiner Regel schreibt er: »Wer ist der Mensch, der das Leben liebt und gute Tage zu sehen wünscht?« (RB, Prolog 15 = Ps 34,13). Der Weg in die freiwillige Quarantäne als Weg, um gutes Leben zu finden – das hat viele Menschen neugierig gemacht.

Für uns Mönche ist der Rückzug in die Klausur eine bewusst gewählte spirituelle Herausforderung. Wenn ich in der Zelle bleibe und mich selber aushalte, dann werde ich mit meiner eigenen Wahrheit konfrontiert. Und zugleich kann ich die spirituelle Erfahrung machen, dass die Stille und das Alleinsein mich für eine wesentliche Erfahrung öffnen. Die Mönche im Mittelalter sprechen sogar davon, ihre Zelle sei zum Himmel geworden – »Cella est coelum« –, weil sie in ihr mit Gott allein sein dürfen. Die Stille kann also zum Ort werden, an dem ich aufgebrochen werde für ein Geheimnis, das mich übersteigt. Und wenn ich diese spirituelle Erfahrung mache, dann ordnen sich auch meine irdischen Bedürfnisse, dann werde ich nicht mehr von der Gier nach immer mehr beherrscht. Ich finde in mir Frieden. Und aus diesem Frieden heraus werde ich auch friedlich umgehen mit den Mitmenschen und mit der Umwelt.

Das Erstaunliche in der Geschichte des Mönchtums ist ja, dass sich die Mönche von der Welt zurückgezogen haben, aber gerade so die Welt auf eine Weise gestaltet haben, die den Menschen zum Segen geworden ist. Benedikt hat mit dem Aufbau einer kleinen Gemeinschaft in Monte Cassino auf die Krise geantwortet, die durch die Völkerwanderung über Italien hereingebrochen war. So kann es offensichtlich hilfreich sein, sich von der Welt zurückzuziehen, um einen anderen Blick auf

Was sind Antworten, die nicht nur in der Krise, sondern auch danach, im Alltag, taugen werden?

die Welt zu werfen, um zu erkennen, was die Welt und was die Gesellschaft braucht, damit die Menschen gut miteinander und mit der sie umgebenden Natur leben können.

Mönche haben ihr Leben, ihre Lebensform bewusst und freiwillig gewählt. Die Frage, der ich – aus dieser gelebten Erfahrung heraus – in diesem Buch nachgehen möchte, ist, welche Einsichten auch für andere nachvollziehbar und gültig sind und Perspektiven eröffnen auch in einer Situation, die weder gewollt noch vorhersehbar war, mit der wir plötzlich und auf unabsehbare Zeit konfrontiert wurden und die zu einer der größten Krisen im Leben vieler Menschen und auch der Gesellschaften wurde.

Ich bin überzeugt: Gerade die Stille, die die Mönche für sich suchen, kann zum Ort werden, an dem sich neue Perspektiven für die Gesellschaft auftun, die jetzt vor ungeahnten Herausforderungen steht. Wir Mönche fühlen uns nicht als die, die für die Probleme der Welt eine Lösung parat haben. Aber wir möchten mit unserem Lebensstil die Menschen, die mitten in der Welt stehen, anregen, sich ab und zu auch einmal »in Quarantäne« zu begeben oder – wie es das Bundeskabinett ausdrückt – sich in eine »Klausur« zurückzuziehen, um kreative Lösungen für unsere gemeinsame Welt zu entwickeln.

Wie können wir der aktuellen Herausforderung begegnen? Worauf sollten wir bauen? Was bricht gerade weg? Welche Werte tragen jetzt? Und was sind schließlich Antworten, die nicht nur in der Krise, sondern auch danach, im Alltag, taugen werden? Was vorher vielleicht auf die Seite geschoben oder verdrängt worden ist, ist jetzt unumstößliche Tatsache.

Und wie in einem Brennglas zeigt sich als zentrale Frage: Wie wollen wir leben? Alles hängt davon ab, wie wir darauf antworten.

Unterbrechung oder Zeitenwechsel?

Im Rückblick zeigt sich die Corona-Krise als große Unterbrechung, als so etwas wie ein kollektives Innehalten. Aber die Stille, die plötzlich laut wurde, hatte nichts Beschauliches. Und die abrupte Langsamkeit erlebten viele zunächst als Schock: Das Gewohnte ging auf einmal nicht mehr. Das Erwartete, Geplante stellte sich nicht mehr ein. Sicherheiten und Routinen lösten sich auf. Wie es werden würde, wusste keiner. Wir alle hatten bislang mehr oder weniger selbstverständlich in einer Wirklichkeit gelebt, in der alles immer so weiterzugehen schien. Und wenn nicht so, dann würde es eben anders weitergehen, jedenfalls aber würde es weitergehen. Abstrakt wussten wir zwar um die Endlichkeit unseres Lebens. Aber haben wir das auch gefühlt? Natürlich hatte es immer auch Warnungen wegen der Konsequenzen unseres Lebensstils gegeben. Und natürlich wussten wir um den Zusammenhang zwischen bedrohlicher Erderwärmung und unserem Energieverbrauch. Wir haben wahrgenommen, dass es wärmer wird, dass die Sommer heißer und die Winter milder werden. Doch es gab immer auch Ausnahmen.

> Abstrakt wussten wir zwar um die Endlichkeit unseres Lebens. Aber haben wir das auch gefühlt?

Und schon verdrängten wir die Unausweichlichkeit des Problems wieder.

Es war so, als gehörte eine prinzipielle Dauer jedenfalls zum System, als wäre für alle Eventualitäten schon irgendwie vorgesorgt und letztlich alles unter Kontrolle. Plötzlich jedoch trat der Tod ins allgemeine Bewusstsein. Auf einmal war die Sterblichkeit wieder bewusst, als unausweichliche Wirklichkeit für alle gegenwärtig. In den Fernsehnachrichten dominierten jetzt wochenlang Zahlen von Verstorbenen, stets neu und immer steigend, jeden Tag standen sie unmittelbar vor Augen. Und die Erfahrung sickerte in das Bewusstsein ein, dass wir das Leben doch nicht in der Hand und unter Kontrolle haben, dass wir nicht so selbstverständlich die Herren des Lebens sind, wie wir das geglaubt hatten.

> Wir haben das Leben nicht so unter Kontrolle, wie wir das geglaubt hatten.

Das Fernsehen zeigte ähnliche Bilder aus Großstädten in China und aus Amerika, aus Israel, aus Deutschland und Afrika, aus dem Zentrum von Paris und vom Petersplatz in Rom oder von einem Basar in Syrien. Plötzlich sah man, dass es die ganze Welt betroffen hat: Überall leere Straßen, unbelebte Plätze, geisterhaft ausgestorbene Flughäfen. Das war keine lebendige, erfüllte Stille. Es wirkte eher wie eine Grabesstille.

Was sollte werden? Angst und Hoffnung standen nebeneinander, auch wenn sie nicht immer die gleiche Richtung zeigten. Die einen wünschten die Zeit vorher möglichst schnell zurück. Andere hofften auf einen grundlegenden Neuanfang. Leïla Slimani, eine französisch-marokkanische Schriftstellerin, die sich zu Beginn der Krise mit ihren Kindern in die Normandie zurückgezogen hatte, fragte sich jetzt, was schlimmer wäre: »dass das Leben weitergeht wie zuvor oder dass nichts mehr ist, wie es einmal war« (FAZ vom 21.3.2020).

Viele Menschen sahen einen epochalen Zeitenwechsel. Der italienische Autor Antonio Scurati schrieb: Das »Zeitalter der längsten und selbstvergessenen Phase des Friedens und des Wohlstands« geht zu Ende (FAZ vom 23.3.2020). Er war nicht der einzige, der das so sah.

Das Besondere: Schon vor einigen Jahren hatten Experten gewarnt: Wir sollten nicht nur auf die Gefahr achten, die von Atomraketen ausgehe. Es waren Virologen, die sagten: Wenn eine globale Epidemie ausbricht, sind wir nicht darauf vorbereitet. Ein Jahr zuvor war in einigen westafrikanischen Staaten das Ebola-Virus ausgebrochen. Aber Ebola war für uns weit weg in Afrika. Und auch Aids schien ja nur eine Minderheit zu betreffen. Aber jetzt waren plötzlich alle betroffen. Was vorher ein Gedankenspiel weniger Experten zu sein schien, wurde spürbare Wirklichkeit. Es wurde kritisch: Krisen – auch in unserem persönlichen Leben – sind Zeiten der Unsicherheit, aber auch eine Art Laboratorium, in dem in unserem Leben etwas ausprobiert wird, was jenseits aller Gewohnheiten ist, wo wir nicht auf eingespielte Routinen zurückgreifen können, wo auch nicht sicher ist, wie lange das alles dauert und vor allem, ob es gut ausgehen wird.

Was wird am Ende werden? Die Unsicherheit macht Angst. Aber es werden auch Dinge möglich, die vorher nicht möglich schienen. Und das macht Hoffnung.

Was wird am Ende werden? Diese Unsicherheit macht Angst. Aber es werden auch Dinge möglich, die vorher nicht möglich schienen. Und das macht Hoffnung.

Können wir verwandelt aus der schwierigen Situation herauskommen? Davon spricht etwa der libanesische Regisseur Rabi Mroue, der in Berlin lebt: »Ich bin überzeugt davon, dass diese Krise eine Chance für uns bedeutet, unsere Lebensweise neu zu überdenken, gemeinsam zu besprechen, wie wir auf bescheidene, freundliche Art zukünftig zusammenleben wollen. Wie können wir wieder in Einklang mit unserem Planeten leben, den wir mit unserem bisherigen Wirken ruiniert haben?« (FAZ vom 21.3.2020).

Ist das zu optimistisch? Manchmal sprechen wir zu schnell von der Krise als Chance. Denn sie wird nur eine Chance, wenn wir sie auch als solche sehen und aktiv nutzen. Die Krise zwingt uns also, genauer hinzuschauen, worauf es in unserem Leben ankommt. Der israelische Schriftsteller David Grossman meint dazu: »Das Bewusstsein von der Kürze des Lebens und von seiner Zerbrechlichkeit könnte Männer und Frauen dazu anspornen, sich neue Prioritäten zu setzen. Der Unterscheidung zwischen Wichtigem und Unwichtigem mehr Aufmerksamkeit zu schenken« (FAZ vom 22.3.2020).

Das gemeinsame Fazit all dieser Autoren: Es ist unsere Aufgabe, angesichts einer drohenden globalen Katastrophe neu zu spüren: Wie können wir auf unserem Planeten so leben, dass für alle Bewohner ein gutes Leben möglich ist? Klar ist, dass dazu elementare Sicherheit gehört, der Schutz vor Gewalt, die Versorgung mit dem Lebensnotwendigen, grundlegende Vorsorge, also all das, was zu den Aufgaben des Staates gehört – auch eine funktionierende Rechtsordnung und das, was wir mit einem Sozialstaat verbinden. Aber ist das allein schon gutes Leben?

Die Frage, der ich in diesem Buch nachgehen möchte, ist: Wie können wir heute, nach den Erfahrungen der letzten Zeit, nicht nur als Gesellschaft, sondern auch als Einzelne ein Leben führen, das nicht nur uns selbst, sondern auch unseren Mitmenschen und der ganzen Schöpfung guttut: ein Leben, das zu mehr Lebendigkeit, Freiheit, Frieden und Liebe führt?

> Wie können wir heute ein Leben leben, das zu mehr Lebendigkeit, Freiheit, Frieden und Liebe führt?

Wir spüren, dass das gute Leben nicht mehr mit der Parole zu erreichen ist, die Ludwig Erhard nach dem Krieg ausgegeben hat: »Wohlstand für alle!« Wohlstand genügt offensichtlich nicht, um in unserem Leben wirkliches Wohl, ein echtes Wohlergehen zu erfahren. Wohlergehen braucht mehr als nur Wohlstand. Wohl fühlt sich der Mensch, wenn andere ihm wohlwollen, wenn andere ihm gegenüber wohltuend sind. »Wohl« meint einen glücklichen und zufriedenen Zustand. Und den erreiche ich, wenn ich mir selbst gegenüber wohlwollend bin, wenn ich also aufhöre, mich ständig anzutreiben oder zu entwerten, und wenn ich das Wohlwollen anderer Menschen erlebe. »Wohl« hängt sprachlich mit »wollen« zusammen. Damit ich mich wohlfühle, braucht es zudem eine spirituelle Grundlage: Ich fühle mich wohl, wenn ich mich selbst will und wenn ich mich im Tiefsten gewollt und erwählt weiß. Ich brauche dazu die spirituelle Erfahrung, in meiner Tiefe von Gott geliebt zu sein.

Unterbrechung – das sei die kürzeste Definition von Religion, hat der Theologe Johann Baptist Metz einmal gesagt. Kommen jetzt auch Fragen wieder auf, auf die die Religionen eine Antwort haben? Das muss sich zeigen. Viele sehnen sich aber danach, dass die Menschen in dem Innehalten, zu dem die Krise zwingt, neu fragen: Was ist das Wesentliche in unserem Leben? Oder dass sie sich, noch zentraler, der Frage stellen: Wer bin ich? Wer sind wir Menschen, die diese Welt bewohnen und sie immer mehr zugrunde richten? Jetzt ist die Zeit, sich solche Fragen zu stellen und aus ihnen die Konsequenzen zu ziehen. »Die einzige Antwort, die zählt, werden unsere Taten sein«, sagt die römische Autorin Francesca Melandri (FAZ vom 22.3.2020).

Es kann kein »weiter so« geben. Natürlich stellen sich jetzt auch verschärft praktische, konkrete politische Fragen zu Wirtschaft und Finanzen, zum Gesundheitswesen, zur Entwicklungspolitik usw. Im Folgenden will ich mich aber auf die existenzielle Dimension konzentrieren. Ein Hintergrund dafür ist: Seit vielen Jahren beschäftige ich mich in der Begleitung von Menschen in Lebenskrisen mit der Frage, wie Leben in schwierigen Situationen gelingen kann.

> Was ich schreibe, sind Anregungen. Sich entscheiden und die Konsequenzen für sein Leben ziehen muss aber jeder und jede selber.

Und in meinem Monatsbrief *einfach leben*, der seit 2006 erscheint, gehe ich seit Längerem immer wieder der Frage nach, wie wir – inmitten einer von Konsum und Profitdenken geprägten Wirklichkeit – zu einem Lebensstil kommen können, der einfach, nachhaltig und auf die Verwirklichung von Werten ausgerichtet ist und der menschliches Glück ermöglicht: also der Frage, was gutes Leben heißt. Ich möchte im Folgenden auf dem Hintergrund dieses Nachdenkens einige Anregungen geben, wie aus meiner Sicht ein gutes Leben gelingen kann, das auch in kritischen Situationen tragfähig ist.

Gerade in unübersichtlichen und verwirrenden Zeiten ist es wichtig, sich auf einfache und grundsätzliche Dinge zu beziehen. Ich will daher einige solche Aspekte des guten Lebens in einer Situation der Angst unter der Perspektive der Hoffnung bedenken: die Beziehung zum anderen, die Beziehung zu uns selbst, die Frage nach Maß und Grenze und nach einem bewussten und verantwortungsvollen Lebensstil – und schließlich auch die Suche nach einem tragenden Grund unserer Existenz. Und dabei will ich natürlich immer die Frage im Blick haben, was das für unser praktisches Leben bedeuten kann.

Diese Themen hängen miteinander zusammen, verweisen auch aufeinander. Sie sind daher auch nicht in strenger Systematik dargestellt. Die Leserinnen und Leser können sich bei der Lektüre zunächst auch auf die für sie im Moment wichtigen und für sie anstehenden Fragen konzentrieren. Was ich schreibe, sind Anregungen. Sich entscheiden und die Konsequenzen für sein eigenes Leben ziehen, das muss dann jeder und jede selber.

Das Doppelgesicht der Krise – oder: Entscheidung für das Leben

Das Wort »Krise« kommt vom griechischen »krinein« = »scheiden«, »sondern«, »unterscheiden«. Eine Krise entsteht, wenn das bisherige Gleichgewicht der Kräfte durcheinandergerät. Es gibt die persönlichen Krisen, in denen das psychische Gleichgewicht auf gefährliche Weise gestört wird. Und es gibt die historischen Krisen, die gewohnte politische, soziale oder wirtschaftliche Ordnungen durcheinanderrütteln. In der Vergangenheit haben immer wieder einmal Philosophen und Theologen ihre Zeit als Krisenzeit bezeichnet. Der Historiker Cottier beschreibt die Krise als geschichtliches Ereignis: »Für die Historiker bedeutet Krise eine Erschütterung, ein Infragestellen auf verschiedenen Ebenen, sie bedroht einen bisher feststehenden und unwandelbar scheinenden Zustand; sie bedroht Einrichtungen und Bräuche, das politische Gleichgewicht oder die Unerschütterlichkeit der Glaubensüberzeugungen und der Werte, von denen die Zivilisation lebt« (Cottier 13).

> Die Krise hat die ganze Gesellschaft erschüttert. Aber auch das Gleichgewicht des einzelnen Menschen bedroht.

In der Corona-Krise haben wir beides erfahren. Sie hat die ganze Gesellschaft erschüttert. Aber sie hat auch das Gleichgewicht des einzelnen Menschen bedroht. In eine persönliche Krise gerät jemand, wenn er durch äußere Umstände oder durch innere Prozesse aus dem Gleichgewicht gerät. Doch die Corona-Krise ist eine gesellschaftliche Krise, die nicht nur Menschen als Einzelne betrifft, sondern die unser Zusammenleben als Gesellschaft berührt. Das, was für unser Miteinander selbstverständlich war, ist in verschiedener Hinsicht erschüttert worden. Und wir wissen noch nicht, wie ein neues Miteinander möglich sein wird.

Dass man aus der Krise gestärkt und gesünder hervorgeht, das geschieht nicht automatisch. Friedrich Nietzsche meint, die Krise könne zum »Stimulans des Lebens« werden. Aber er fügt hinzu: »Nur muss man gesund genug für dieses Stimulans sein.« Es kann auch sein, dass die Krise uns beschädigt zurücklässt. Es liegt auch an uns, wie wir mit der Situation umgehen, ob wir die Herausforderung annehmen, ob wir daraus auch eine persönliche Reifungskrise machen. Eine persönliche Krise setzt uns unter Druck und lässt uns nach Auswegen suchen.

> Spiritualität kann helfen, wenn sie die Realität nicht mit frommen Worten zu überspielen sucht.

Eine tief in unseren Verhaltensmustern verankerte mögliche Reaktion: Flucht. Aber auch Verdrängung oder Kompensierungen scheinen solche Auswege: Man kompensiert die Krise beispielsweise mit einem erhöhten Konsum. Manchmal flieht man vor der Krise auch in eine ungesunde Spiritualität. Man möchte die Realität der Welt nicht wahrhaben. Doch auch dieser Ausweg führt nicht zu einer neuen Lebendigkeit. Nur wer sich der Krise stellt – und auch der Angst, die damit verbunden ist –, der wird daraus reifer hervorgehen. Die Spiritualität kann durchaus helfen, eine Krise gut zu bewältigen, aber nur, wenn auch sie sich der Realität stellt und sie nicht mit frommen Worten zu überspielen sucht.

Die Krise hat also ein Janusgesicht. Janus war der römische Gott des Anfangs und des Endes, er trug zwei Gesichter. Sie bedeuteten Bedrohung und Chance, Leben und Tod. Dieses Doppelgesicht möchte ich jetzt näher beschreiben.

Ein Aspekt zeigt sich in der Deutung und der unterschiedlichen Reaktion auf das, was uns begegnet. »Corona trifft alle«, hörte man – und das sei das Besondere, sozusagen die »ausgleichende Gerechtigkeit«. Es trifft ja Reiche und Arme, Normalbürger und Politiker. Wenn selbst die deutsche Kanzlerin in Quarantäne gehen muss und der britische Premier auf der Intensivstation einer Klinik liegt, dann scheint das zutreffend. Aber die Situation trifft keineswegs alle gleich, sondern sehr unterschiedlich – je nachdem, wo man geboren ist und unter welchen Umständen man lebt. Reiche in Amerika flüchten mit eigenem Klinikpersonal auf eine Privatinsel, während im Verlauf einer einzigen Woche Millionen Amerikaner ihre Arbeit verloren haben. Selbstständige haben Angst vor dem Verlust ihrer wirtschaftlichen Existenz, freiberufliche Künstler verlieren Auftrittsmöglichkeiten oder erhalten keine Aufträge und verlieren ihre Lebensgrundlage. Von den katastrophalen Zuständen in Flüchtlingslagern, in denen Menschen eng zusammengepfercht leben müssen, ganz zu schweigen.

> Die Krise trifft Menschen ganz unterschiedlich. Bei uns und weltweit.

Auch wenn alle vor dem Gesetz gleich sein sollten und auch wenn uns stärker bewusst wurde, dass wir alle sterblich sind: Die Krankheit hat nicht alle gleich behandelt. Und die Gesellschaft auch nicht. Denn nicht immer gab es vonseiten derer, denen es gut ging, Verständnis für die Ärmeren und Geplagteren.

Es traf eben nicht alle gleich: Da erlebten manche Familien im Homeoffice beider Eltern eine neue Nähe und intensives Miteinander. Andere, die mit vielen Kindern auf beengtem Raum zusammen aushalten mussten, ohne großzügige Rückzugsmöglichkeiten in Gestalt einer großen Wohnung oder eines Hauses mit Garten, empfanden die Zeit vor allem als bedrückend. Für die einen war es ein heilsames Aussteigen aus der Hektik, aus dem Hamsterrad des Alltags. Für andere wurde der Zeitstress nur verlagert als Kampf um die Vereinbarkeit von Arbeits- und Privatleben im eigenen Wohnzimmer. Bürotätigkeit, Freizeit, Familienleben, alles am gleichen Ort, alles zur gleichen Zeit: Arbeiten, Spielen, Lernen, Kochen, Lieben. Das hat viele auch überfordert. Da war es schwer, langsamer und achtsamer zu leben. Obdachlose, die überhaupt keine Rückzugsmöglichkeit hatten, erlebten es als noch bedrohlicher und empfanden die Forderung, sie sollten zuhause bleiben, nur als zynisch. Aber auch psychisch Kranke oder behinderte Menschen, die die plötzlichen Änderungen in ihrem Alltag nicht verstehen konnten, wurden ihrer Basis und einer Sicherheit beraubt, die ihnen bisher noch einigermaßen Halt gab.

Und noch dazu war die Situation auch von Land zu Land verschieden. Die Menschen in Ländern wie Spanien, Italien oder Frankreich mussten viel härtere Restriktionen hinnehmen, als dies hierzulande der Fall war. Und welche Probleme sich in den verschiedenen Regionen der Dritten Welt auftun, mit einer unterentwickelten Gesundheitsinfrastruktur und drohenden Hungersnöten, entzieht sich weithin noch unserer Wahrnehmung.

Auch bei uns gab es natürlich Menschen, die die Zeit der »Entschleunigung« als wohltuend erlebten. Anderen dagegen wurde die Zeit schwer: Alte Menschen etwa, die in Heimen ihre Angehörigen nicht sehen durften. Und erst recht die von der Krankheit Betroffenen selber, die ohne die tröstende Hand eines nahen Menschen sterben mussten.

Alte Menschen erhielten Hilfe von jüngeren und durften erfahren, dass die Verantwortlichen in der Politik sie schützen wollten, weil sie besonders gefährdet sind. Aber es gab auch diskriminierende Stimmen, die den Eindruck erweckten, alte Menschen seien jetzt eine Belastung für das Gemeinwesen, man solle sie doch wegsperren und isolieren. Sie würden ja doch bald sterben. Da war neben der Solidarität zwischen den Generationen plötzlich auch Aggressivität spürbar.

Zum Doppelgesicht gehört von Anfang an auch: Die Krise lässt das Negative und das Gute zum Vorschein kommen. Da gab es etwa zu Beginn die Hamsterkäufe. Die Leute fürchteten Versorgungsengpässe oder hatten Angst, zu kurz zu kommen. Sie schauten nur noch egoistisch auf sich und die eigenen Bedürfnisse: Hauptsache, ich bekomme noch etwas. Gier und Rücksichtslosigkeit zeigten ihr unschönes Gesicht. Kriminel-

> Zum Doppelgesicht der Krise gehört: Sie lässt das Negative *und* das Gute zum Vorschein kommen.

le nutzten die Situation und betrogen den Staat oder ihre Mitmenschen. Auch Politiker gab es, die die Wirklichkeit entweder bewusst verharmlosten oder die Krise bewusst als Mittel der Angst instrumentalisierten.

Zum anderen hat die Krise aber auch viel Solidarität hervorgerufen. Da haben junge Leute sich bereit erklärt, für alte Menschen einzukaufen. Nachbarschaftshilfe brachte Menschen plötzlich einander nahe, die vorher nebeneinanderher gelebt haben. Oder viele haben alte und einsame Menschen angerufen, damit sie sich nicht mehr so allein fühlten.

Auch in der Weise, wie Menschen mit sich und anderen umgingen, zeigte sich Widersprüchliches. Auf der einen Seite hat diese Situation viele Aggressionen in den Menschen erzeugt, die zu eng aufeinander lebten. Man konstatierte ein Ansteigen häuslicher Gewalt vor allem gegen Frauen, oft auch gegenüber Kindern. Eine Frau, die im Frauenhaus arbeitet, erzählte mir, dass auf einmal viel mehr Frauen im Frauenhaus um Hilfe gebeten haben. Und aus China wurde berichtet, dass sich die Zahl der Scheidungsanträge nach Beendigung der Quarantäne verdreifacht habe.

Auf der anderen Seite sind Menschen nachdenklicher geworden sind. Bei einer Umfrage der Zeitschrift *einfach leben* zur Corona-Krise mit über 3500 Befragten sagten über 83 Prozent: »Ich denke gegenwärtig verstärkt darüber nach, was in meinem Leben wirklich wichtig ist.« Und über 68 Prozent sahen gerade jetzt »im achtsameren Umgang mit meiner Lebenszeit« etwas Positives. Viele haben sich in dieser Zeit neu ihrer eigenen Wahrheit gestellt. Sie haben sich besser kennengelernt und sind ehrlicher mit sich und miteinander umgegangen. Durch die Ausgangsbeschränkungen auf sich selbst geworfen, mussten sie sich bislang verdrängten Wahrheiten stellen, und sie konnten auch den Konflikten in der Familie nicht mehr ausweichen. Viele haben sich Rückzugsmöglichkeiten geschaffen. Sie sind entweder allein spazieren gegangen, oder sie haben sich in der Wohnung einen Ort der Stille gesucht, an dem sie ganz für sich und bei sich sein konnten. Sie spürten, dass ihnen der Rückzug guttut. Auf der anderen Seite haben sie aber auch erfahren, dass die Welt unwiederbringlich zusammengerückt ist: Wir sind aufeinander angewiesen. Wie wir uns verhalten, das hat Auswirkungen auf die Umgebung, ja auf die ganze Welt. Mitten im Alleinsein haben sie gespürt: Ich bin nicht allein für mich. Ich bin nicht isoliert. Selbst wenn ich allein in meiner Wohnung lebe, hat alles, was ich tue und denke, Auswirkungen auf die anderen. Das hat ein neues Gefühl von Zusammengehörigkeit und des Aufeinander-Angewiesenseins entstehen lassen: »Wir sind alle in einem Boot«, dieses Bild hat eine neue Eindringlichkeit.

> Es gibt die Sehnsucht, dass die kreativen Lösungen auch nachher weitergehen. Aber zuallererst: dass diese Existenzängste aufhören.

Wir sind unsichtbaren Gefahren begegnet und haben gemerkt, wie real sie in ihren Auswirkungen sind. Das Virus ist ja unsichtbar. Und auch seine Verbreitung können wir nicht direkt wahrnehmen. Wir sehen nur das Ergebnis, festgestellt durch medizinische Tests oder durch die Symptome der Krankheit, wenn sie ausgebrochen ist: nämlich dass immer mehr Menschen infiziert werden. Diese unsichtbare Gefahr verunsichert uns. Wir wittern überall die Gefahr der Ansteckung. Wir trauen uns nicht mehr in ein normales Gespräch. Wir halten Abstand, damit wir uns nicht anstecken. Gegenüber der unsichtbaren Gefahr des Virus gibt es aber auch die Gefahr des Wegsehens. Wir wollen gar nicht hinschauen. Wir relativieren die Krise: Sie ist nicht so schlimm. Sie wird nur aufgebauscht.

Eine andere – sehr sichtbare – Erfahrung: Die Straßen waren auf einmal leer. Wo früher Hunderttausende um die Welt flogen, hoben kaum mehr Flugzeuge ab. Ja selbst die Radfahrer waren wesentlich weniger als sonst. Viele haben diese zwangsweise Entschleunigung als Schock erlebt. Sie wussten nicht, wohin sie mit ihrer Energie sollten. Auf der anderen Seite haben wir festgestellt, dass die Entschleunigung der Natur gutgetan hat. Der Himmel wurde blauer. In den Kanälen von Venedig sah man die Krabben und Fische wieder, die durch die vom Schiffsverkehr in der Lagunenstadt aufgewühlten Schwebstoffe nicht mehr sichtbar waren. Es gab wieder mehr Vögel, auch solche, die als gefährdet gelten. Da lebte die Natur auf. Der Feinstaub in der Luft ging zurück. Und der Ausstoß der Treibhausgase wurde in einem Ausmaß vermindert, das vorher unmöglich schien.

Es gab aber gleichzeitig auch die Not, nicht nur innere Ängste, sondern auch reale Bedrohungen. Viele Menschen stehen mit dem Rücken an der Wand. Da ist die Angst, das Leben nicht mehr finanzieren zu können, die Angst, dass die kleine Firma, das über lange Jahre hinweg aufgebaute Familienunternehmen die Schließung nicht lange überleben kann. Junge Künstler zeigten sich im Internet auf einmal kostenlos einer großen Öffentlichkeit – und standen doch vor dem möglichen Abbruch einer Karriere, die eben erst begonnen hatte. Die Not hat eine neue Kreativität in vielen Menschen erzeugt. Und manche sehnten sich danach, dass manche dieser innovativen und kreativen Lösungen auch nach der Krise weiterverfolgt werden können – aber zuallererst danach: dass diese Existenzängste aufhören.

Wie würde es weitergehen? Was war normal? Was ist unnormal? Chance oder Schock, Glück oder Unglück? Welche Antworten wir geben, wie wir diese Wirklichkeit erleben und wie wir mit ihr umgehen, hängt immer auch von uns ab.

Licht- und Schattenseiten des Menschen wurden bewusst, und gewohnte Perspektiven veränderten sich. Ungleichzeitigkeiten, Uneindeutigkeit, Widersprüche in der Wirklichkeit und Gegensätzlichkeiten, die wesentlich zum Menschen gehören, aber zugleich erst die Wahrheit der Situation ausmachen, wurden aufgedeckt. Das wird auch bleiben. Eine Krise, wie wir sie erlebt haben, ist daher auch die Einladung, sich dieser Gegensätzlichkeit immer bewusst zu sein und eine Aufforderung, sich vor eindimensionalen und kurzschlüssigen Wahrheitsangeboten zu hüten. Sich selber als Mensch mit Gegensätzen anzunehmen und diese Widersprüche nicht zu verdrängen führt zu Realismus und lädt zur Demut ein. Und das bewahrt uns hoffentlich davor, wieder in die Versuchung der Selbstherrlichkeit zu geraten. Das, was die Krise in uns aufgedeckt hat, dürfen wir nicht mehr ausblenden aus unserem Leben, auch wenn sich der Alltag wieder normalisiert. Es gilt, sich in aller Demut einzugestehen,

> Es gilt, Widersprüche auszuhalten. Aber auch, sich klar zu entscheiden: für Solidarität, Menschlichkeit und Zuversicht.

dass Wirklichkeit nie ganz eindeutig und nie nur eindimensional ist und dass wir immer von Widersprüchen und Gegensätzen hin- und hergerissen werden: von Angst und Vertrauen, von Glauben und Zweifel, von Gelingen und Misslingen. Aber in dieser Demut, die im Aushalten solcher Widersprüche liegt, gilt es doch auch immer, sich klar für das Leben zu entscheiden: für Solidarität und Menschlichkeit, für Barmherzigkeit und Gerechtigkeit, für Hoffnung und Zuversicht. Diese Entscheidung fällen wir in dem Bewusstsein, dass der Gegenpol immer in uns lebendig ist. Wenn wir um ihn wissen, werden wir nicht von ihm bestimmt, auch nicht in Zeiten der Angst.

Unsere Angst und die Suche nach Glück

Panik, Angst und Depression

Angst gehört zum Menschen. Es gibt keinen Menschen ohne Angst. Angst kann uns vor Gefahren schützen. Ohne Angst hätten wir auch kein Maß. Aber die Angst hat ein Doppelgesicht: Sie kann uns zeigen, wie sehr wir einander brauchen – doch sie kann uns auch voneinander entfernen und isolieren. Und natürlich gibt es auch Ängste, die uns überfallen, die uns lähmen und uns quälen. Von solchen Ängsten möchten wir gerne frei werden. In der Zeit der Krise wurden die Menschen mit Schreckensnachrichten zugeschüttet. Die Welt um uns herum wurde durch die räumlichen Einschränkungen immer enger. Enge belastet auch die Seelen. Die Medien kreisten wochenlang nur um dieses eine zentrale Thema, beleuchteten es täglich von immer neuen Seiten. Und viele sogen diese Informationen auch begierig auf – und wurden damit oft doch noch mehr auf sich selbst und ihre Ängste zurückgeworfen.

> Angst kann uns zeigen, wie sehr wir einander brauchen. Aber sie kann uns auch voneinander isolieren.

Die Informationsüberflutung brachte keine Beruhigung, sondern verstärkte in vielen Menschen die Angst. Eine Bekannte aus Madrid schrieb nach sechs Wochen in strenger Isolation, dass sie sich von aller Kommunikation und auch von allen Nachrichten aus den Medien zurückzieht, ja sie meidet auch alle engeren Kontakte. Überwältigt von der Angst bleibt ihr kein anderer Weg als Rückzug und Abtauchen. Ähnlich wie dieser Frau geht es vielen. Sie schützen sich vor der Angst der anderen. Denn nicht nur das Virus ist ansteckend, sondern auch die Angst vor ihm und seinen Folgen. Aber diese Angst kann man auch nicht durch »Abtauchen« loswerden. Bei dieser Frau, die unter den streng isolierenden Ausgangsbeschränkungen in Spanien besonders litt, verband sich die Angst mit einer anderen Erfahrung, die sie selbst mit dem in Verbindung brachte, was die Mönche als »acedia« beschreiben: als »Überdruss« oder als »Angst der Herzens«. Es war die Erfahrung von innerer Dunkelheit: Sie lag einfach auf dem Sofa, so schrieb sie, und tat gar nichts. Sie döste vor sich hin, starrte auf einen Punkt an der Decke. Aber es war kein bewusstes Nichtstun, bei dem sie sich erlaubte, einfach einmal nur da zu sein. Vielmehr war dieses Nichtstun verbunden mit lustloser Unruhe, Langeweile, Enge und Traurigkeit. Sie spürte, dass sie diese innere Trägheit, die *acedia*, auflösen sollte. Aber sie fühlte sich zu schwach dazu. So war es ein Gefühl, das sie niederdrückte und unglücklich machte. Dieser Bericht zeigt: Wenn eine Krise zu lange dauert, macht sich Hoffnungslosigkeit breit. Manche ergeben sich dann in ihr Schicksal, aber sie

Angst hält gefangen. Hoffnung lässt scheinbar aussichtslose Situationen bewältigen.

verlieren ihre Kraft und Dynamik. Angst hält uns gefangen. Hoffnung ist die Kraft, die uns auch scheinbar aussichtslose Situationen durchstehen und bewältigen lässt. Wir erlangen sie eher, wenn wir der Angst richtig begegnen.

Manche geraten in Krisensituationen richtiggehend in Panik. Panik hat oft mit der Angst vor der Angst zu tun: Ich spüre, wie Angst in mir auftaucht. Und dann denke ich: Sie wird wieder so stark werden wie damals, als die Panik mich überfallen hat. Wie kann ich in einer solchen Situation gut reagieren? Ich reagiere angemessen, wenn ich die aufsteigende Angst anschaue und ihr erlaube, dass sie jetzt da ist. Dann lege ich die Hand aufs Herz, spüre die Angst. Aber ich spüre jetzt auch mich selbst. Dann wird die Angst sich nicht steigern und mich total beherrschen. Sie wird nicht zur Panik werden. Panik macht immer blind. Wir schauen auf die vielen Infizierten, auf die vielen Sterbenden, auf die unzumutbaren Verhältnisse in den Krankenhäusern. Und sofort denken wir: Das könnte bei uns genauso werden. Wir sollen die Angst annehmen und aktiv darauf reagieren. Ich kann mir nicht nur bewusst machen, dass ich mehr bin als meine Angst. Und ich kann mir auch sagen: Ich werde mich bemühen, mich gut zu schützen, ohne darauf fixiert zu sein, dass die anderen mich vielleicht anstecken könnten.

Mit der Angst einher geht oft eine gedrückte Stimmung. Man hatte in der Zeit der Krise den Eindruck: Die ganze Gesellschaft ist niedergedrückt, ist melancholisch oder depressiv. Wenn Melancholie die Stimmung der Gesellschaft bestimmt, muss das gar nicht negativ sein. Denn wenn wir zu optimistisch sind, übersehen wir oft die Probleme. Die

Melancholie kann sich bei einigen zwar wie ein Grauschleier über den Alltag legen; aber sie gibt unserem Leben auch den nötigen Ernst. Wenn wir ernst auf unser Leben schauen, dann erkennen wir besser, was wir tun können, wie wir uns vor Gefahren schützen können. Aber wir müssen unterscheiden, ob es beim Einzelnen nur eine melancholische Stimmung ist oder eine krankhafte Depression. Depression bedeutet, dass ich von der äußeren Situation total erdrückt werde, dass ich keine Energie habe, dagegen anzugehen. Depression bewirkt in mir Passivität, während die Melancholie mich zu einem achtsameren Umgang mit den Dingen bewegen kann. In der Depression fühle ich mich nur hilflos und ohnmächtig. Und oft steigere ich mich in die Depression hinein, indem ich mich für alles schuldig fühle: Ich bin selber schuld, dass wir in diese Situation geraten sind. Der Depressive fühlt sich für alles verantwortlich und schuldig. Die Schuld lastet auf ihm und lässt ihn nicht mehr klar denken. Da ist es gut, nüchtern darüber nachzudenken: Ich kann ja gar nicht an der Krise schuld sein. Die ist ja von außen über uns hereingebrochen.

Der andere als Bedrohung

Manche haben in der Zeit der Corona-Krise eine merkwürdige Beobachtung gemacht. Da wichen Menschen den Blicken aus, machten einen großen Bogen umeinander, größer, als es der Sicherheitsabstand gefordert hätte. In der Krise haben wir uns vor der Nähe des anderen gehütet. Wir haben mindestens anderthalb Meter Abstand gehalten. Das war klug. Doch wenn Menschen in jedem anderen sofort einen bedrohlichen Gefährder sehen, kann es problematisch werden. In Deutschland berichteten chinesisch aussehende Studenten, dass man sie aggressiv beschimpft und angespuckt habe. In Südafrika wiederum wurden Weiße durch die Straßen eines Schwarzenviertels getrieben und mit dem Ruf »Virus, Virus« beschimpft. In einem Land der Europäischen Union, in Ungarn,

> Der Kreislauf der Angst erfasst die ganze Welt, wie das Virus. Auch Angst sprengt alle Grenzziehungen.

befeuerte die Regierung die Emotionen gegen Flüchtlinge und verbreitete das Gerücht, Migranten hätten das Virus ins Land eingeschleppt. Der amerikanische Präsident versuchte Stimmung zu machen, in dem er nur noch vom »chinesischen Virus« sprach. Sogar antisemitische Verschwörungstheorien wurden laut: Der israelische Geheimdienst habe mit dem Virus eine biologische Waffe gegen die europäischen Gesellschaften lanciert. Und schließlich berichteten Zeitungen im April 2020 davon, dass Afrikaner in China verdächtigt werden, das Virus zu verbreiten – und massiven Restriktionen ausgesetzt sind. Der Kreis schließt sich. Auch der Kreislauf der Angst erfasst die ganze Welt, ebenso wie das Virus. Auch Angst kennt keine Grenzen – auch und gerade wenn überall Grenzziehungen erfolgen.

Dass gefährliche Krankheiten in der Geschichte immer auch skandalisiert wurden – und davon betroffene Kranke damit natürlich auch –, wissen wir. Von der Pest im London des 17. Jahrhunderts berichten Zeugen, dass Infizierte einfach in ihren von außen verrammelten Häusern eingesperrt und so zusammen mit ihren Angehörigen dem Tod preisgegeben wurden. Und heute? Sind wir so ganz anders dagegen gefeit? Eine Nachricht aus der Gegenwart zeigt, wozu geschürte Angst führen kann: Aus der libanesischen Hauptstadt Beirut berichtete die Autorin Alawiya Sobh (in der FAZ am 5. Mai 2020), dass Tausende Familien ihre Hunde und Katzen auf der Straße ausgesetzt – und dem sicheren Tod preisgegeben haben, nachdem das Gerücht aufgekommen war, dass Haustiere das Coronavirus auf Menschen übertragen. Und in vielen Gegenden des Libanon hätten Unbekannte Hunde massenweise einfach vergiftet.

Das zeigt: Angst kann immer auch blind und aggressiv machen. Der »Krieg« gegen das Virus droht dann auch schnell zum »Kampf« gegen den Virusträger zu werden, und »der andere« kann als Krankheitsträger zu einem möglichen Gefährder werden, den man abwehren muss. Schon im Alltag gibt es solche Reflexe: In einem Online-Magazin der *Süddeutschen Zeitung* erzählte Fabio Scutteri, ein Priester aus dem von der Epidemie stark betroffenen Mantua, dass die Menschen jetzt, wenn sie aus ihren Häusern kommen, mit vorsichtiger Furcht reagierten. Seine Reaktion: »Ich habe Angst, dass das Misstrauen und die Furcht vor anderen Menschen zur Mentalität werden« (*jetzt.de* vom 10.4.2020). Aus Spanien wurde berichtet, dass die Bewohner einer Wohnanlage einen Mitmieter, der als Arzt mit Kranken in Verbindung stand, dazu aufforderten, in ein Hotel umzuziehen, um *sie* nicht zu gefährden. Freilich erfuhr der Betroffene, als er das öffentlich machte, auch viel Solidarität. Zum Glück. Denn das wäre keine gute Folgerung aus der Krise gewesen.

Es wäre fatal, wenn Grenzziehungen aus der Haltung heraus, dass wir in jedem einen Gefahrenträger sehen, auch nach der Krise anhalten würden. Dann würde Misstrauen die Gesellschaft spalten, man würde sich vor lauter Angst abkapseln oder irgendwelche auch nur mutmaßlichen Gefährder wegzusperren versuchen. Wir sollten darum – im Blick auf die Infektionsmöglichkeiten – die Gefahr realistisch einschätzen können und wissen, wie wir mit anderen umgehen, wie viel Nähe und Distanz wir im Alltag, etwa in der Fußgängerzone oder in der U-Bahn, anderen gegenüber wahrnehmen sollen. Sicher ist: Es wird auch künftig Grippewellen geben, bei denen wir uns auch anstecken können. Wir sind, auch was unsere Gesundheit angeht, nie allein, sondern immer auch in die Gemeinschaft mit anderen eingebunden. Doch wichtig ist auch in einer solchen Situation, dass wir, statt uns immer nur auf Gefährder zu fixieren, gut auf unser Immunsystem achten. Das können wir stärken durch Eigenverantwortung: gesunde Ernährung, durch eine gesunde psychische Haltung, durch Bewegung und durch viele einfache, aber wirksame Ratschläge wie das regelmäßige Händewaschen – Tipps, die Gesundheitsberater uns heute anbieten. Wer zu sehr auf »Gefährder« fixiert ist, der ist in der Tat – aber auf andere Weise, als er glaubt – gefährdet. Denn auch die Angst vor den anderen schwächt sein Immunsystem. Wer eine gesunde Haltung seiner Gesundheit gegenüber sowie den anderen Menschen und den möglichen Gefahren gegenüber hat, der ist besser geschützt vor der Infektion als jemand, der sich vor jedem Kontakt hüten würde.

> Wenn wir in jedem einen Gefahrenträger sehen, wird Misstrauen die Gesellschaft spalten.

Unsere Angst verwandeln

Die Bilder der vielen Toten in Italien und Spanien, die von Militärfahrzeugen abtransportierten Särge, die Bilder von den Lastkühlautos neben den New Yorker Krankenhäusern gehen vielen nicht aus dem Sinn. Sie haben die Menschen schockiert und uns drastisch vor Augen geführt: Wir können noch so gut leben – wir bleiben verletzlich. Und wir können uns erst schützen, wenn wir die Gefahr erkannt haben. Aber manchmal ist es eben zu spät. Wir haben erlebt, dass wir sterblich sind.

Es ist verständlich, dass gerade bei alten Menschen die Angst aufgebrochen ist. Sie gelten als »Risikopatienten«, als besonders gefährdet. Aber auch jungen Menschen macht die Krise Angst. Es hat wenig Sinn, die Angst zu verdrängen oder sich die Angst zu verbieten. Sie ist einfach da. Und sie hat ja auch ihre Berechtigung. Ich kann die Angst nur verwandeln, wenn ich sie annehme und mit ihr ein Gespräch beginne. Dann gebe ich zu: Ja, ich habe Angst zu sterben. Ja, die Krankheit kann auch nach mir greifen. Es ist nicht selbstverständlich, dass ich lange gesund leben kann. Die Angst verweist mich also auf meine Sterblichkeit. Wenn ich damit einverstanden bin, dass meine Lebenszeit begrenzt ist, dann wird die Angst vor dem Sterben zu einer Einladung, jetzt im Augenblick zu leben. Für die Mönche war es seit jeher eine wichtige spirituelle Übung, sich täglich den Tod vor Augen zu halten, und auch der hl. Benedikt rät seinen Mönchen zu dieser Übung. Sie soll uns aber keine Angst machen, sondern uns zu einem intensiven Leben führen; und sie soll zu einem angstfreien Leben führen. Einer der alten Mönchsväter wurde einmal gefragt, warum er nie Angst habe. Darauf antwortete er: »Weil ich mir täglich den Tod vor Augen halte.« Wenn ich akzeptiere, dass ich begrenzt bin, dann lebe ich bewusst. Ich nehme jedes Gespräch wahr, als ob es das letzte sein könnte. Ich gehe durch die Natur mit dem Gefühl, dass es der letzte Frühling sein

> Wenn ich die Begrenztheit meiner Zeit akzeptiere, wandelt sich die Angst vor dem Tod in Zustimmung zum Leben.

könnte, den ich erlebe. Dann werde ich alles intensiver erleben.

Viele leben unter normalen Umständen in den Tag hinein, als ob das Leben ewig so weiterginge. Doch dann bekommt ihr Leben den Geschmack der Unverbindlichkeit und der Gleichgültigkeit. Wenn ich meine begrenzte Zeit akzeptiere, dann wandelt sich die Angst vor dem Tod in eine Zustimmung zum Leben und in ein Bejahen des Augenblicks. Ich erlebe dann jeden Augenblick als die wichtigste Zeit. Ich lebe im Jetzt. Und es gibt nichts Wichtigeres, als diesen Augenblick bewusst zu leben, bewusst anderen Menschen zu begegnen, bewusst die Natur zu erleben. Keine Überraschung übrigens: Nahezu alle Befragten, über 95 Prozent, stimmten in der erwähnten Umfrage der Aussage zu, dass die Krise für sie »eine achtsamere Wahrnehmung des Lebens« zur Folge habe.

Suche nach kreativen Lösungen

Der Arzt und Psychoanalytiker C. G. Jung meint, jeder Mensch habe immer zwei Pole: Angst und Vertrauen, Liebe und Aggression, Glaube und Zweifel. Wenn wir einen Pol verdrängen, gerät er in den Bereich der Seele, den Jung den »Schatten« nennt, und wirkt sich von dort aus destruktiv auf uns aus. Wenn wir die Angst bekämpfen, wird sie stärker und entwickelt eine Gegenkraft. Wenn wir sie verdrängen, wird sie sich in uns ausdrücken, z. B. in Zwängen. Wir kennen Menschen, die dann ständig die Haustüre kontrollieren, ob sie sie auch zugeschlossen haben. Wenn wir dagegen die Angst umarmen, sie annehmen und uns ihr stellen können, dann kann sie auch das Bedrohliche und Beängstigende verlieren.

> Wenn ich die Angst als Freundin nehme, lehrt sie mich, Abschied zu nehmen von falschen Grundannahmen.

Für Jung ist das Symbol der Umarmung unserer Gegensätze das Kreuz. Das Kreuz ist ein Einheitssymbol. Nur wenn wir die Gegensätze, die das Kreuz symbolisiert, annehmen, werden wir ganze Menschen. Und dann wird der angenommene Schatten sich nicht mehr destruktiv auf uns auswirken. Im Johannesevangelium sagt Jesus: »Vom Kreuz herab werde ich alle an mich ziehen« (vgl. Joh 12,32). Das Kreuz ist also das Symbol für die Umarmung. Ich umarme in mir Angst und Vertrauen, Glauben und Zweifel. Dann finde ich einen tiefen inneren Frieden. Ich habe dann keine Angst mehr vor meiner Angst. Sie darf sein. Wenn ich sie umarme, gehört sie zu mir. Dann lehrt sie mich, mich auf das einzulassen, wovor ich Angst habe.

Wenn ich die Angst als Freundin nehmen kann, dann wird sie für mich zu einer wichtigen Lehrmeisterin. Sie lehrt mich, Abschied zu nehmen von falschen Grundannahmen. Da ist z. B. die Grundannahme: Ich darf keinen Fehler machen, sonst bin ich nichts wert. Ich darf mich nicht blamieren, sonst werde ich abgelehnt. Indem ich diese Grundannahme formuliere, merke ich, dass sie nicht stimmt. Ich bin wertvoll, auch wenn ich einen Fehler mache. Die Angst lädt mich ein, mich unabhängiger von der Meinung anderer Menschen zu machen.

Wenn ich nun Angst habe, krank zu werden oder gar zu sterben, dann lädt mich die Angst ein, sorgfältig zu leben. Ich schütze mich, so gut es geht, vor der ansteckenden Krankheit, indem ich – im konkreten Fall einer Ansteckungsgefahr – genügend Abstand halte, indem ich mir öfter die Hände wasche. Ich versuche, gesund zu leben, ohne mich in neue Zwänge einzuschließen. Ich ernähre mich gesund, ich bewege mich ausreichend, gehe oft an die frische Luft. Aber ich darf mich nicht ängstlich um meine Gesundheit bemühen, sonst wird es in ein zwanghaftes Verhalten ausarten. Die Angst vor dem Tod lädt mich ein, wichtige und ganz konkrete Vorkehrungen für meinen Tod zu treffen. Dazu gehört nicht nur, ein Testament zu schreiben und mit meinen Angehörigen zu sprechen, wie ich mir die Beerdigung vorstelle; sondern dazu gehört auch, mir darüber Gedanken zu machen, was mir im Leben wichtig ist. Wenn ich die Angst vor dem Tod verdränge, wird sie mich lähmen. Ich werde gar nichts tun. Wenn ich sie umarme, dann lädt mich die Angst ein, das zu tun, was für mich angesichts des Todes wichtig ist. Sie lädt mich auch dazu ein, über mein Leben nachzudenken und mir zu überlegen, welche Lebensspur ich in diese Welt eingraben möchte, was ich den Menschen jetzt noch vermitteln möchte in der Zeit, die mir noch gegönnt ist. Das hält mich aktiv und lebendig.

Manchen Menschen geht es wie dem Kaninchen vor der Schlange. Es sieht fixiert auf die Schlange, anstatt sich vor ihr in Sicherheit zu bringen. So fühlen sie sich gelähmt, wenn sie in eine Notsituation geraten, oder sie fühlen sich als Opfer dieser Situation. Sie reagieren passiv auf die Not, die sie getroffen hat. Doch wir sollten aktiv reagieren und so aus der Not eine Tugend machen. Wenn ich mich herausfordern lasse und aktiv auf das reagiere, was mir von außen widerfährt, dann entwickle ich neue Lösungen. Dann nehme ich die Herausforderung an. Und dann werde ich für mich Wege finden, kreativ damit umzugehen.

Woher können wir die Zuversicht haben, dass das auch unter äußerlich schwierigen Umständen gelingt? Von Dietrich Bonhoeffer ist ein Text aus dem Krisen-Jahr 1943 überliefert, der dazu eine Antwort anbieten kann: Darin heißt es: »Ich glaube, dass Gott aus allem, auch aus dem Bösesten, Gutes entstehen lassen kann und will. Dafür braucht er Menschen, die sich alle Dinge zum Besten dienen lassen. Ich glaube, dass Gott uns in jeder Notlage so viel Widerstandskraft geben will, wie wir brauchen. Aber er gibt sie nicht im Voraus, damit wir uns nicht auf uns selbst, sondern allein auf ihn verlassen. In solchem Glauben müsste alle Angst vor der Zukunft überwunden sein. (…) Ich glaube, dass Gott kein zeitloses Fatum ist, sondern dass er auf aufrichtige Gebete und verantwortliche Taten wartet und antwortet.«

Die kreativen Lösungen liegen demnach oft zunächst gar nicht im Äußeren, sondern im Inneren. Ich kann auf eine Not auch reagieren, indem ich bete. Im Gebet bekomme ich neue Hoffnung, wie ich eine herausfordernde Situation bewältigen kann. Wenn das Sprichwort sagt: »Not lehrt beten«, dann soll das nicht im Sinne eines letzten Auswegs verstanden werden. Vielmehr ist das Beten ein aktives Reagieren. Wenn ich bete, bekomme ich Hoffnung. Und wenn ich Hoffnung habe, fällt mir möglicherweise auf einmal ein, wie ich auf die Not reagieren kann. Wenn ich dagegen nur auf die Not fixiert bin, fühle ich mich auch nur ratlos und gelähmt.

Die kreativen Lösungen liegen oft zunächst gar nicht im Äußeren, sondern im Innern.

Ein anderer Weg wäre auch, die Not einfach zu akzeptieren und dann zu überlegen: Was hat mir bisher in solchen Situationen geholfen? Welche Lösungen fallen mir heute ein? Und wo war ich vielleicht auf dem falschen Weg? Auch solches Nachdenken fördert kreative Lösungen.

Die Oberflächlichkeit verlassen

Nach einer Krise bricht oft eine starke Sehnsucht nach Glück, nach Konsum, nach Lebensfreude auf. Manche erinnern sich noch an die Zeit des Hungers in den Nachkriegsjahren, auf die dann eine »Fresswelle« folgte. Ein Blick in die Geschichte zeigt noch mehr solche Zusammenhänge und eine Abfolge von Pendelschlägen. So war es nach dem Dreißigjährigen Krieg mit seinen zerstörerischen

Auswirkungen. Auf einmal entstand unter den Fürsten, aber auch in vielen Klöstern eine richtiggehende Bauwut. Der Barock betonte die Lebendigkeit und die Freude an irdischer Schönheit. Und so ähnliche Ausbrüche einer tiefen Sehnsucht nach Glück tauchen oft nach dem Bestehen einer Krise auf. Doch bleibt die Frage, ob sie wirklich weiterführen. Die Barockzeit endete mit der Französischen Revolution. Da zerstörte man viele Bauten, die erst kurz vorher errichtet worden waren.

> Wer die Angst, etwas zu verpassen, abschüttelt, kann etwas zurückgewinnen: wirklichen Genuss und intensives Glück.

Auch heute gibt es Fehlformen der Glückssuche. Die einen buchen ein Wellness-Wochenende nach dem anderen oder schauen nach immer exotischeren Formen des Vergnügens, sie suchen »Kicks« in irgendwelchen Events und meinen, davon würden sie glücklicher. Man glaubt, etwas zu verpassen. Aber oft ist das Streben nach intensiven Erlebnissen in Wirklichkeit Ausdruck der Unfähigkeit, wirklich gut zu leben. Weil sie keine Lebendigkeit in sich spüren, brauchen Menschen dann extreme Formen des Vergnügens, um sich überhaupt irgendwie zu spüren. Aber wenn in mir keine Lebendigkeit ist, werden noch so viele Events die innere Leere nicht ausfüllen. Wer die Oberflächlichkeit verlässt und die Angst, etwas zu verpassen, abschüttelt, kann dagegen etwas zurückgewinnen: wirklichen Genuss und intensives Glück.

Angst und Freude: In uns selber liegt beides, und beides sind vitale Kräfte. Wir können durch die Angst hindurch zur Freude kommen. Und erlebte Angst kann sich durchaus mit Hoffnung verbinden – und durchaus auch mit Optimismus.

Als die Corona-Krise in Italien am schlimmsten wütete, interviewte ein deutscher Reporter den in seinem Land sehr bekannten 93-jährigen Soziologen Franco Ferrarotti. Durch das Telefon glaubte der Interviewer zu spüren, wie die Augen des Soziologen leuchteten, als er über seine Erwartungen für die Zeit nach der Corona-virus-Krise sprach: »Ich glaube, wenn die Krise vorbei ist, werden wir eine enorme Wiederkehr von Lebensfreude und Lust am Wiederaufbau erleben. Ähnlich wie am Ende des Krieges wird es in ganz Europa eine unglaubliche Explosion an Lebensfreude geben.« Angst und Freude gehören zum Leben. Und gerade in der Situation der Angst kann die Sehnsucht nach Freude lebendig sein. Und so sagte der 93-Jährige: »Das wird eine grundlegende, positive Erfahrung von Leben sein, gemeinsam die Krise durchzustehen.« »Andrà tutto bene« – »Alles wird gut«, so lautete in dieser Zeit ein beliebtes Motto in Italien. Menschen, die sich in Rom abends auf den Balkonen versammelten und sangen und Musik machten – diese Bilder gingen um die Welt und haben auch an vielen anderen Orten Menschen dazu angestiftet, ihrem Lebensmut und ihrer Zukunftshoffnung Ausdruck zu geben.

Da ging es nicht um ungewöhnliche Events, und es war auch kein Ausdruck einer oberflächlichen Spaßgesellschaft. Es geht mir hier freilich auch nicht darum, die Sehnsucht der Menschen nach außergewöhnlichen Events zu verurteilen. Weiterführender ist es aber, wenn wir die tiefer liegende Sehnsucht verstehen. Letztlich ist es die Sehnsucht nach einem erfüllten Leben, nach Gelingen des Lebens, nach

> Auch in einer Situation der Angst kann die Sehnsucht nach Freude lebendig sein.

Glück. Wenn ich diese Sehnsucht ernst nehme, dann kann ich sie langsam auch auf Ziele richten, die die Sehnsucht wirklich erfüllen. Letztlich geht jede Sehnsucht über das Irdische hinaus auf etwas Transzendentes, auf ein Geheimnis, das uns übersteigt. Wenn ich die tiefer liegende Sehnsucht in mir erkenne, wandelt sich meine Sehnsucht. Und in der Sehnsucht spüre ich schon etwas von dem, wonach ich mich sehne. In der Sehnsucht nach Liebe ist schon Liebe. Und in der Sehnsucht nach Glück ist schon ein Glücksgefühl.

Ich und die anderen: Verbundenheit und Beziehung

Jeder ist wichtig. Aber keiner ist eine Insel

Unsere Gesellschaft ist in den letzten Jahren immer mehr eine individualistische Gesellschaft geworden. Deren Motto lautet: Ich möchte mich nicht anpassen, sondern besonders sein. Ich möchte meinen Lebensstil selber wählen und leben. Dieser Individualismus hat gute Seiten. Er zeigt die Wichtigkeit und die Würde jeder einzelnen Person und er tritt für die Freiheit des einzelnen Menschen ein. Die Gefahr freilich ist, dass jeder nur an sich denkt. Und dann fühlt man sich auf einmal auf sich allein gestellt.

In Krisenzeiten stehen die Menschen oft mehr zueinander. Da wächst auf einmal eine neue Solidarität. Da spüren wir, dass wir aufeinander angewiesen sind. Da erfahren wir, dass keiner eine Insel ist, dass alles, was wir tun und denken, immer auch Aus-

> Was wir tun und denken, hat Auswirkungen auf andere. Wir sind in der Tiefe alle miteinander vernetzt.

wirkungen auf andere Menschen hat. Wir wissen heute aus der Biologie – von den morphogenetischen Feldern – und auch von der Quantenphysik her, dass wir in der Tiefe alle miteinander vernetzt sind. Wenn das grundlegende Gesetz des Universums die Synergie ist – das Zusammenwirken und das Zusammenspiel von allen mit allen, wenn alles verbunden ist durch ein unermesslich weites Netz an energetischen Beziehungen, dann heißt das auch: Was wir tun, aber auch was wir denken, berührt auch die anderen Menschen.

Gerade für Menschen, die allein leben, ist es wichtig, diese innere Verbundenheit mit anderen Menschen zu spüren. Dann fühlt man sich weniger isoliert. Dann habe ich auch das Gefühl: Wie ich jetzt lebe, ob ich einfach nur in den Tag hineinlebe, ob ich mich einfach treiben lasse oder ob ich bewusst mein Leben gestalte, das ist nicht völlig gleichgültig. Nein, das berührt auch die anderen Menschen. In allem, was ich tue und wie ich lebe, bin ich auch für andere verantwortlich. Das fängt an bei meinem Sprechen und Fühlen. Auch wenn ich allein in meiner Wohnung sitze und mich nur von negativen Gedanken und Gefühlen beherrschen lasse, wirkt das destruktiv auf meine Umgebung. Wie ich mit dem Müll umgehe, wie viel Energie ich verbrauche, das hat Auswirkungen auf alle Menschen. Gerade in der heutigen Klimakrise erkennen wir, wie sehr unser Lebensstil Auswirkungen auf unsere Umgebung hat. Auch wenn diese Einsicht anstrengend ist, weil sie Konsequenzen verlangt, sollten wir uns dies vergegenwärtigen: Wir sind in allem, was wir tun und wie wir uns entscheiden, immer auch mitverantwortlich für die ganze Welt.

Vereinsamung und Beziehungskultur

Viele Menschen leben heute allein. In Deutschland sind es 41 Prozent der Bevölkerung, Tendenz steigend. In München sind fast 55 Prozent aller Haushalte sogenannte Single-Haushalte. Die meisten Alleinstehenden (mit einem Anteil von 52 Prozent) gibt es in Schweden. Dass Menschen allein leben, scheint also ein Zeichen der Moderne zu sein, vor allem in entwickelten und wohlhabenden Gesellschaften. Diese Tatsache hat zwar auch problematische Aspekte und Konsequenzen, aber ganz allgemein kann man sagen: Zu einem guten Leben gehört auch, dass der Mensch allein sein kann. Wer immer den Kontakt zu anderen braucht, um sich überhaupt zu spüren, dem fehlt etwas Wesentliches auf seinem Weg der Selbstwerdung. Nur wer allein sein kann, wird auch in gute Beziehung zu anderen Menschen treten. Sonst sind wir in Gefahr, den anderen zu benutzen, damit wir uns aushalten können. Wir brauchen dann ständig die Nähe des anderen, weil wir nicht allein mit uns sein können. Doch so ist keine wirkliche Begegnung möglich, wie das folgende Beispiel zeigt: Eine Frau wollte zwei Tage zu ihrer Freundin fahren, die sie schon lange nicht mehr gesehen hatte. Doch ihr Mann wollte das nicht und warf ihr vor, dass sie ihn alleinlasse. Als die Frau dann nachgab und daheimblieb, kam jedoch kein Gespräch zustande. Der Mann saß am Abend die ganze Zeit vor dem Fernseher. Er wollte, dass seine Frau in seiner Nähe war. Aber er war unfähig zu einem guten Gespräch und zu wirklicher Begegnung.

> Nur wer allein sein kann, wird auch in gute Beziehung zu anderen Menschen treten können.

In Zeiten der Krise spitzt sich die Erfahrung von Einsamkeit oft dramatisch zu. Eine Ärztin erzählte mir, dass Menschen nicht nur an einer akuten Erkrankung sterben können, sondern auch an Einsamkeit. Einsamkeit kann also mehr als ein Gefühl des Unwohlseins bedeuten. Wir Menschen sind soziale Wesen, die auf die Gemeinschaft mit anderen angewiesen sind. Und Kontaktbeschränkungen sind Lebenseinschränkungen. Einsamkeit kann ein realer Risikofaktor für körperliche und seelische Gesundheit sein, weil sie – so sagen die Psychologen – den Selbstzweifel von Menschen fördert und eine Quelle des persönlichen Sinnerlebens versiegen lässt, wenn der Austausch mit anderen Menschen fehlt. Der Psychologe Andreas Kruse hat sich gegen Tendenzen in der Zeit der Krise gestellt, etwa die Alten generell als »Risikogruppe« zu markieren und sie vom öffentlichen Leben auszuschließen. Er meint, dass es nicht ohne Auswirkungen auf die Gesellschaft als Ganzes bleiben werde, wenn eine solche reale Vereinsamungserfahrung bei einem bedeutenden Anteil der Bevölkerung auftritt, wie alte Menschen ihn darstellen. Viele ältere Menschen waren schon vor der Krise viel allein und wurden durch die gebotene häusliche Quarantäne noch einsamer. Aber auch Menschen, die an seelischen Erkrankungen leiden und sich schon unter »normalen« Bedingungen mit sozialen Kontakten schwer tun, sind auf verständnisvolle Begleitung angewiesen. Oft können sie ihr Bedürfnis nach Nähe, Zuwendung und Unterstützung gar nicht zureichend äußern. Davon berichten manche Therapeuten. Mitarbeiter der Telefonseelsorge

> Einsamkeit kann zum Risikofaktor für körperliche und seelische Gesundheit werden.

erzählen von seelenschweren Anrufen älterer Menschen. Die Enkelkinder durften sie auf einmal nicht mehr besuchen. Die Großeltern hätten gerne auf sie aufgepasst. Aber da sie als Risikopatienten galten, konnten die Enkelkinder nicht zu ihnen kommen. Da hat diesen Menschen etwas Wesentliches gefehlt. Noch schlimmer war es, wenn die alten Menschen krank waren. Auch da durften sie keine Besuche empfangen. Gerade Menschen, die sterbenskrank im Krankenhaus lagen, sehnten sich nach einer Hand, die sie hält, nach den Söhnen und Töchtern, die sie begleiteten auf dem Weg des Sterbens. Doch jetzt mussten sie allein sterben. Das ist gegen die Würde des sterbenden Menschen. Sterbende brauchen – wie alle Menschen in der Situation der Schwäche – Begleiter, die ihnen tröstend und helfend zur Seite stehen.

Nach der Krise sollten wir diese Menschen nicht vergessen, die sich nicht selber helfen können. Und man muss künftig sicher neu darüber diskutieren, welches Gut höher ist: das Gut einer liebevollen Begleitung der Sterbenden oder der Wert des Schutzes vor Ansteckung. Die Frage ist zudem, ob man den Schutz vor Ansteckung nicht auch mit anderen Mitteln erreichen kann. Auf jeden Fall sollen wir nicht zu schnell die Abschottung als das alleinige Mittel anpreisen. Wir können uns durchaus fragen, ob dahinter nicht auch eine Verdrängung oder Abwehr von Todesangst steht. Zumindest sollten wir ernsthaft nach anderen Lösungsmöglichkeiten Ausschau halten. Und in jedem Fall sollten wir die Lehre aus der Zeit der Krise in auch in unserem künftigen Verhalten beherzigen: Verbundenheit ist eine Kraftquelle.

Verbundenheit als Kraftquelle

Der Mensch ist von seinem Wesen her »bezogen«: Er ist in Beziehung zu Gott, zu den Menschen, zur Schöpfung und zu sich selbst. Psychologen sprechen heute von der weit verbreiteten Krankheit der Beziehungslosigkeit. Die Menschen spüren sich auch selbst nicht. »In Beziehung sein« meint: einen inneren Zusammenhang spüren, mit sich selbst in Einklang kommen, aber auch sich innerlich verbunden fühlen. Wer sich verbunden fühlt mit anderen Menschen, der entdeckt auch sich selbst intensiver. Er erlebt dann auch in sich selber eine innere Verbundenheit. Es gibt Menschen, die innerlich zerrissen sind, die das Gefühl von Brüchigkeit haben. Sie fühlen sich gleichsam zerstückelt, in Fragmente aufgeteilt. Die Beziehung zu anderen Menschen will uns in Beziehung bringen auch zu allem, was in uns ist, damit wir uns mit allem in uns verbunden fühlen. Und die Beziehung zu uns und anderen ist die Voraussetzung, dass wir auch zu Gott eine gute Beziehung spüren.

Verbundenheit meint, dass soziale Beziehungen zwischen Menschen auch als seelischer Reichtum und als Kraftquelle erfahren werden können. In einem solchen Verständnis ist Verbundenheit ein anderer Ausdruck für Liebe. Diese Liebe ist aber mehr als Gefühl. Sie ist die innere Kraft, die uns Menschen miteinander und mit der ganzen Schöpfung verbindet. Evolutionsforscher haben erkannt, dass die so verstandene Liebe – als Verbundenheit – letztlich den ganzen Kosmos durchdringt. Früher meinte man, nur die »fittesten« Lebewesen würden überleben. Heute weiß man: Jene

Lebewesen, die in Beziehung sind, die mit anderen verbunden sind, haben die größte Chance zu überleben. Und auch die Gehirnforschung hat erkannt: Bei dem Kind, das sich verbunden fühlt mit seinen Eltern und Geschwistern, bilden sich im Gehirn die kreativsten Verbindungen. Verbundenheit ist also eine Kraft, die uns guttut. Sie stärkt uns und hilft, unser Leben zu meistern, indem sie in uns auch Kreativität und Phantasie fördert.

Verbundenheit ist mehr als die Aktivierung äußerer sozialer Kontakte. Sie meint auch eine innere Verbundenheit. Ich fühle mich mit einem anderen Menschen verbunden, wenn wir ein sehr persönliches Gespräch führen. Ich fühle mich verbunden, wenn wir ähnliche Gedanken und Gefühle bei uns spüren, wenn wir von der gleichen Musik oder von ähnlicher Literatur begeistert sind. Wenn

> Wer sich verbunden fühlt mit anderen, der entdeckt auch sich selbst intensiver.

ich mich so mit einem anderen verbunden fühle, habe ich teil am Reichtum seiner Seele, an seinen Gedanken und Gefühlen. Und wenn ich mit anderen in ihrem Leiden fühle, bin ich ihnen auch darin verbunden. Auch das gehört zu einem Reichtum, der im Wert der Solidarität liegt.

Wir können diese innere Verbundenheit spüren, wenn wir direkt miteinander sprechen oder gemeinsam etwas erleben. Wahre Verbundenheit geht aber auch über große Entfernungen hinweg. Da spüren Menschen etwa innerlich, wie es einem anderen geht, der vielleicht 10.000 Kilometer von uns entfernt ist. Und wenn wir dann miteinander telefonieren, dann ist diese Verbundenheit wieder lebendig da. Verbundenheit ist mehr, als per App miteinander in Kontakt zu stehen. Heute stehen Menschen oft mit vielen anderen in Kontakt. Aber es sind mehr oberflächliche Kontakte. Man tauscht Informationen aus, erfährt, was der andere gerade tut oder, wenn er im Restaurant ist, was er gerade isst. Aber es ist kein Austausch von Herz zu Herz. Informationen sind kein Ersatz für eine Herzensverbindung. Von einer Herzensverbindung geht eine lebendige Energie und eine starke Liebe aus. Davon können wir leben. Das ist wie eine Quelle, aus der wir schöpfen können, die uns nicht nur Kreativität schenkt, sondern auch das Gefühl von Geborgenheit und Heimat.

Nähe, Intimität und Distanz

Menschen brauchen Nähe. Gute Nachbarn, kooperative Kollegen, enge Freunde oder Freundinnen, Partner, denen wir vertrauen, die Familie, Verwandte – all das gehört zu einem guten Leben. Auch die in der Berührung körperlich erfahrbare Nähe, so sagen Psychologen, ist für uns essenziell. Das gilt von menschlichen Beziehungen, vom Säugling bis zur Paarbeziehung, es gilt für die Beziehung zwischen Eltern und Kindern, aber auch für das Aushalten in schwierigen psychischen Situationen – wo eben oft nur eine Umarmung oder ein Händedruck hilft. Es gilt in vielerlei Hinsicht und in ganz unterschiedlichen Zusammenhängen und wird besonders intensiv empfunden, wenn es fehlt. Eine Großmutter, die ihre zweijährige Enkelin nur via Skype erleben konnte, litt darunter, dass sie die Kleine nicht in den Arm nehmen konnte, ihre strahlenden und neugierigen Augen nicht aus der Nähe sehen durfte und sie auch nicht trösten konnte, als sie traurig war.

Auch das »Social Distancing«, also ein gebotener räumlicher Abstand, eine Sicherheitsdistanz, die zur zeitlich befristeten Regel wurde, um das Ansteckungsrisiko zu vermindern, hat das Bedürfnis nach Nähe erst noch einmal klargemacht. Es hat zu neuen Formen der Kommunikation geführt. Aber auch wenn viele jetzt einen Schub der Digitalisierung erwarten oder erhoffen – keine Videoschaltung kann eine Umarmung ersetzen, keine Konferenz am Bildschirm das Zusammenwirken, den intensiven nahen Austausch und eine direkte Kommunikation, die sich in oft kaum merkbaren Äußerungen, der Mimik usw. zeigt. Das gilt nicht nur für sachliche Kommunikation, sondern auch für ein Zusammenspiel, wie es etwas unter Künstlern geschieht. Frank-Michael Guthmann, Cello-Solist des SWR-Orchesters, hatte in der Zeit der Krise versucht, mit Kollegen, die teilweise in einem anderen Land saßen, über Internet-Schaltungen zu proben, gestand dann aber, dass das allem widersprach, was er am Musikmachen liebte: »dass man mit Musikern, die man im besten Fall auch noch mag, gemeinsam in einem Raum ist, mit ihnen musiziert – gemeinsam atmet und aufeinander reagiert, Dynamik, Phrasierung bespricht und umsetzt«. Auch Musikerfahrung, so dieser Musiker, hat »live« eine größere Intensität, wenn Resonanz »geschieht« und Ausführende und Publikum sich wirklich in der lebendigen Erfahrung begegnen (*Badische Zeitung* vom 20.4.2020).

> Für enge zwischenmenschliche Beziehung ist die Ausbalancierung von Nähe und Distanz besonders wichtig.

Für enge zwischenmenschliche Beziehungen ist die Ausbalancierung von Nähe und Distanz besonders wichtig. Diese Beziehungen wurden in den Zeiten verordneter Isolation in besonderer Weise auf die Probe gestellt. Eine Bekannte aus Spanien schrieb nach sechs Wochen in strenger Quarantäne in ihrer Großstadtwohnung, allein mit ihrem Mann, getrennt von den Kindern, sie habe die Vorstellung nicht aushalten können, das werde noch lange so weitergehen: »Wir sind miteinander fraglos verbunden, wir gehen zwar immer schon unterschiedlich mit dem Leben um, aber jetzt haben wir ganz verschieden reagiert. Das führte dazu, dass ich schon am ersten Tag riesige Probleme damit hatte, wie mein Mann sich verhielt, aber auch mit meiner Reaktion auf ihn, und ich musste sehen und entscheiden, wie damit umgehen. Auf unbegrenzte Zeit kann ich diese schlimme Belastung sicher nicht ertragen – ohne die gewohnten Treffen und Gesprächskreise, den persönlichen Austausch mit Freundinnen, ohne die Möglichkeit auszugehen, ohne die Vorfreude auf einen kleinen Urlaub. Zum Glück habe ich mir zu helfen gewusst, ich habe immer wieder tief durchgeatmet, ich habe viel gebetet und meditiert, habe versucht, die Lage zu verstehen, den Alltag so leicht wie möglich zu machen und das herunterzuspielen, was mir selber Gefühle von Unbehagen, Traurigkeit, Langeweile bereitete. Die Herausforderung geht weiter …«

Einen erstaunlichen anderen Bericht dazu, ebenfalls aus der Erfahrung eines Ehepaares habe ich von dem chinesischen Autor Han Dong gelesen, der mit seiner Frau über Wochen 24 Stunden am Tag in einem Hotelzimmer eingesperrt war – also ohne die Möglichkeit, in einer angespannten Situation die Tür hinter sich zuzumachen – und der gerade jetzt den Wert der inneren Distanz und die Fähigkeit zur Abgrenzung erlebte, dabei die Fähigkeit der Zurückhaltung und Zuvorkommenheit kultivierte und schrieb: »Wir haben die höchste Stufe des Zusammenseins eines Ehepaars im traditionellen Sinn – »sich gegenseitig wie Gäste verehren« – praktiziert, wozu wir uns gegenseitig beglückwünschten« (FAZ vom 1.4.2020). Er bezeichnete diese besondere Beziehung als »Freundschaft« – eine ganz besondere und eigene Erfahrung von Intimität in einer extremen Situation.

Die beiden Beispiele zeigen: Unsere Verhaltensweisen und unsere Vorstellungen von dem, was im Miteinander gut ist, sind auch von der Kultur geformt. Und es gibt

Unser Verhalten ist auch von der Kultur geprägt.

auch verschiedene Weisen, mit einer Erfahrung umzugehen, wie es die aufgezwungene Nähe ist. Offensichtlich spielen auch da Prägungen der jeweiligen Gesellschaft mit. Zu unserer Gefühlskultur gehörte eben bisher ein freundlicher Händedruck und bei vielen inzwischen immer mehr eine freundliche Umarmung. Wenn das infrage gestellt wird, kann es zu Irritationen führen. Die konfuzianische Kultur Chinas ist mit Distanz trotz großer äußerer Nähe vermutlich besser vertraut als die mediterrane Kultur, wo die Menschen wohl nicht in gleichem Maß gewohnt sind, in der Nähe zugleich Distanz – und umgekehrt – zu spüren. Aber die Frau, die aus Spanien berichtet, hat sich zu helfen gewusst. Ihre normale Strategie, zu Freundinnen zu gehen, um einen Ausgleich zu der Nähe zu ihrem Mann zu finden, war nicht möglich. So hat sie ein einfaches Mittel gefunden und sich selbst gespürt, indem sie bewusst geatmet hat. Indem ich mich intensiv spüre, wird mir die Nähe des anderen nicht zur Last. Auch aus dieser Nähe heraus kann ich dann ganz bei mir sein.

Natürlich kann Nähe auch »in normalen Zeiten« als übergriffig erlebt werden. Und die Ausbalancierung von Zeiten der Nähe und Zeiten, die auch Rückzug und Distanz sinnvoll erscheinen lassen, ist immer wieder notwendig. Viele Ehepaare haben in der Corona-Krise zwar immer räumliche Nähe erlebt – und diese Nähe oft als belastend empfunden, weil das Verhältnis von Nähe und Distanz durcheinandergeraten war –, aber sie haben dann oft keine intime Nähe gezeigt. Sie hatten Angst vor Zärtlichkeit und Sexualität. Doch diese Angst vor intimer Nähe tut den Ehepaaren nicht gut.

Die Fähigkeit zur Intimität – die ja nicht nur etwas Körperliches ist, sondern auch etwas Geistig-Seelisches – gehört wesentlich zum Menschen. Die Intimität, die ich mit einem Menschen lebe, befähigt mich auch, mir selber nahe zu sein, den Zugang zum Inneren in mir zu finden. Das gilt auch für die Intimität unter Freunden. Wenn ich Angst habe, einen Freund oder eine Freundin zu umarmen und nur auf Distanz mit ihm oder ihr sprechen kann, fehlt mir etwas Wichtiges an menschlicher Nähe.

> Die Intimität, die ich mit einem Menschen lebe, befähigt mich auch, Zugang zum Inneren in mir zu finden.

Es kann gut sein, wenn Partner wegen der Krise auch hier bewusst eine Art »Fastenzeit« leben und auf körperliche Nähe verzichten. Aber das darf nicht zu einem Dauerzustand führen. Es wäre nicht gut, wenn man sich an die Distanz gewöhnt. Sie kann vielmehr in uns die Sehnsucht nach intimer Nähe anstacheln. Dann werden wir uns auch wieder freuen über die körperliche Nähe. Eine Partnerschaft, die auf Intimität verzichtet, verliert an Kraft. Die Gefühle, die sich körperlich nicht mehr ausdrücken können, werden entweder vertrocknen oder aber sich andere Ventile suchen. Dann wird man die Emotionen in irgendwelche Hobbys oder Aktivitäten verlagern. Doch dann verliert die Partnerschaft an Erotik, an Lebendigkeit, an Spannung. Menschliche Nähe braucht Berührung, braucht die Erfahrung des Einswerdens.

Selbstständig und in Beziehungen

Es ist ein Thema, das sich gerade jetzt für viele stellt: Freiheit und Beziehung, Rücksichtnahme auf andere und Sorge für sich selbst, Selbstständigkeit und Verbundenheit miteinander in Beziehung zu setzen. Es gibt in uns die Sehnsucht, selbstständig zu sein. Aber noch einen anderen zentralen Wunsch kennen wir: offen zu sein, gute Beziehungen zu pflegen. Beide Pole führen erst zur Ganzheit, zu unserem wahren Selbst und zu guten Begegnungen.

Ich erlebe oft Menschen, die es bedauern, dass sie keine Zeit mehr finden, ihre Freundschaften zu pflegen. Sie sind in ihrem Leben erfolgreich. Sie haben viel mit Menschen zu tun. Aber sie sehnen sich danach, Beziehungen zu leben, in denen sie einfach da sein können, in denen sie sich selbst nicht darstellen müssen. Sie erfahren schmerzlich: Ohne solche Beziehungen fehlt uns etwas.

C. G. Jung hat als Ziel der Menschwerdung die Selbstwerdung beschrieben. Das Selbst ist für Jung etwas anderes als das Ego. Das Ego ist der bewusste Personkern. Dieses Ego will gerne imponieren, sich selbst darstellen. Das Selbst ist dagegen die innerste Mitte des Menschen, es entspricht dem Wesen seiner Person, dem innersten Kern des Menschen. Das Ziel der Menschwerdung ist es, immer mehr sein Selbst zu finden und im Selbst sein inneres Zentrum zu entdecken. Das Selbst ist einfach da. Es hat es nicht nötig, sich zu beweisen. Im Selbst verbindet sich für Jung das Bewusste mit dem Unbewussten, das Göttliche mit dem Menschlichen.

> Durch die Begegnung mit dem Du finden wir unser wahres Selbst. Aber es bleibt die Spannung.

Die Bibel kann in diesem Zusammenhang einen Hinweis geben: Der Evangelist Lukas verbindet den Gedanken des »Selbst« mit der Auferstehung Jesu. Nach seiner Auferstehung sagt Jesus den versammelten Jüngern: »Ich bin ich selbst« (Lk 24,39). Im Griechischen heißt es: »Ego eimi autos.« »Autos« ist ein wichtiger Ausdruck in der stoischen Philosophie, auf die Lukas hier anspielt. »Autos« meint das innere Heiligtum des Menschen, den geheiligten Bezirk des wahren Selbst. Dieses »autos« ist die unbezwingbare Festung, in der die Freiheit und die Glückseligkeit herrschen. So sagt es der stoische Philosoph Epiktet, dem später viele christliche Autoren gefolgt sind. Wenn Lukas die Auferstehung Jesu auch im Sinne der stoischen Philosophie versteht, dann bedeutet die Auferstehung für uns, dass wir durch Jesu Auferstehung zu unserem wahren Selbst finden, zu dem inneren Heiligtum, das auch durch den Tod nicht zerstört werden kann.

Wir können diese abstrakten Gedanken konkretisieren, indem wir uns immer wieder vorsagen: »Ich bin ich selbst.« Das ist kein egoistisches Kreisen um sich selbst. Vielmehr fallen dann all die Masken ab, die wir oft anlegen, wir werden frei von den Rollen, die wir spielen. Wir sind einfach ganz wir selbst. Wenn wir in Berührung sind mit unserem wahren Selbst, dann können wir uns auch ganz auf andere Menschen einlassen, dann sind wir frei von dem Druck, ihnen imponieren zu müssen, sie für uns gewinnen zu müssen. Wir können ihnen in Freiheit, aber auch in Liebe und Wohlwollen begegnen. Indem wir in der Begegnung ganz wir selber bleiben, begegnen wir auch dem wahren Selbst des anderen. Und umgekehrt: Wir befreien so möglicherweise auch ihn von dem Druck, sich vor uns in einer bestimmten Weise darstellen zu müssen.

Daher ist es kein Gegensatz, wenn wir auf der einen Seite ganz wir selbst und selbstständig sein, auf der anderen Seite aber auch gute Beziehungen leben wollen. Dass die Beziehung zu unserem Menschsein gehört, hat uns der Philosoph Martin Buber deutlich vor Augen geführt: Durch die Begegnung mit dem Du finden wir unser wahres Selbst. Aber es bleibt die Spannung. Auf der einen Seite sollen wir zuerst unser wahres Selbst entdecken, damit eine gute Beziehung möglich wird. Auf der anderen Seite finden wir nur zu unserem inneren Selbst, wenn wir dem anderen begegnen. Beide Pole gehören zusammen. Beide bedingen einander. Unsere Begegnungen werden wahrhaftiger, freier, liebevoller, wenn wir mit unserem Selbst in Berührung sind. Und umgekehrt: Wir brauchen auch die Begegnung, damit wir uns selbst begegnen. In der Begegnung entdecken wir Aspekte des Selbst, die uns bei einer bloßen Innenschau nicht in den Blick kommen.

Sich und andere aushalten

Auf sich selber zurückgeworfen zu sein, es mit sich aushalten zu müssen, auf gewohnte soziale Kontakte zu verzichten, war eine Erfahrung, die im Extremfall der verordneten Quarantäne vielen Angst gemacht hat. Diese Erfahrung ist aber nicht neu. Blaise Pascal, ein französischer Mathematiker und Philosoph, hat schon im 17. Jahrhundert gesagt, das sei das größte Problem des modernen (!) Menschen, dass keiner mehr allein in seinem Zimmer bleiben könne. Zum guten Leben gehört nach seiner Überzeugung, dass ich mich aushalten kann, auch wenn um uns herum nicht viel Abwechslung ist. Wir haben heute viele Fluchtmöglichkeiten: Wir können vor uns selbst davonlaufen, indem wir uns ablenken. Doch es tut uns nicht gut, wenn wir ständig auf der Flucht vor uns selber sind.

> Wir können vor uns selbst davonlaufen. Doch das tut uns nicht gut.

Die frühen Mönche – sie waren etwa im 4. und 5. Jahrhundert Einsiedler in der ägyptischen Wüste – kannten diese Gefahr, vor sich selbst davonzulaufen. So kam etwa ein junger Mönch zum Altvater Arsenios und klagt: »Ich halte die Einsamkeit nicht mehr aus. Es ist viel sinnvoller, wenn ich aus dem Kellion gehe und anderen Menschen helfe.« Doch der Altvater Arsenios antwortet ihm: »Geh und iss, trinke und schlafe und arbeite nicht, nur verlass dein Kellion nicht!« Der junge Mönch braucht also gar nichts Frommes zu tun. Er kann tun und lassen, was er will. Nur soll er in seinem Kellion, in seiner kleinen Mönchszelle, bleiben. Als Begründung für diesen schroffen Rat sagt die Erzählung: Arsenios wusste, »dass das Ausharren im Kellion den Mönch in seine rechte Ordnung bringt« (Apophthegmata 49). In einem anderen Väterspruch aus dieser Zeit heißt es: »Geh in dein Kellion und setze dich nieder, und das Kellion wird dich alles lehren« (Apophthegmata 500).

Die Mönche sind also überzeugt, dass es dem Menschen guttut, wenn er sich aushält und nicht davonläuft in tausend Aktivitäten und Zerstreuungen hinein. Warum tut es uns gut? Wenn ich bei mir selber bleibe, werde ich meiner eigenen Wahrheit begegnen. Da wird in mir alles hochkommen, was ich bisher unterdrückt habe oder was ich durch meine Tätigkeiten verdrängt habe. Es gibt auch die Flucht in die Aktivität. Aber irgendwann wird jeder Mensch mit seiner Wahrheit konfrontiert. Wenn er sich der Wahrheit nicht stellt, wird sich das negativ auf ihn auswirken: Entweder er wird krank, oder er wird unruhig und hektisch, oder er ist unzufrieden und zerfasert. Man hat den Eindruck: Dieser Mensch ist nicht bei sich selbst. Manche Menschen können nach außen hin lange verdrängen, dass sie auf der Flucht sind. Wenn sie z. B. öffentlich auftreten, machen sie immer eine gute Figur. Doch dann wird das Verdrängte oft daheim aufbrechen. Das Verhalten zum Ehepartner wird immer aggressiver, die Schattenseiten kommen im Umgang mit der Familie zum Vorschein.

Oder aber jemand greift zum Alkohol, um seiner Wahrheit auszuweichen.

Die Griechen haben für das deutsche Wort »aushalten« das Wort »hypomone«. Es bedeutet wörtlich: darunterbleiben, standhalten. Dieses Wort ist vom Bild der Säule geprägt, die die Decke des Hauses trägt. Ohne die Säule, die darunterbleibt, würde das Haus zusammenstürzen. Das ist ein schönes Bild für uns: Wenn wir uns nicht aushalten, dann droht irgendwann unser Lebenshaus über uns zusammenzubrechen. Uns selbst auszuhalten bedeutet: unserem Lebenshaus Stabilität zu verleihen. Wir dürfen vertrauen, dass wir dann auch schwierige Situationen aushalten können. Der hl. Benedikt hat für seine Mönche dieses Aushalten mit dem Wort »stabilitas« gedeutet. Der Statiker berechnet die Tragfähigkeit der Säulen und Mauern, um dem Haus Stabilität zu verleihen. Wenn wir uns aushalten, dürfen wir vertrauen, dass unser Lebenshaus nicht so leicht einstürzt. Und wir werden dann vielleicht auch zu einer Säule für unsere Familie, für die Firma, für die Gemeinschaft. Weil wir uns selbst aushalten, halten wir auch das Gebäude der Gemeinschaft zusammen.

Zum Aushalten gehört aber auch, sich schwierigen Situationen zu stellen. Manchmal sagen wir etwa von einem Zustand in der Firma: »Nicht zum Aushalten.« Wir möchten dann am liebsten davonlaufen. Natürlich gibt es Situationen, die über unsere Kraft gehen. Aber wenn wir vor jeder schwierigen Situationen davonlaufen, werden wir immer schwächer. Das Aushalten könnte auch uns selber stärken.

Zum Aushalten gehört auch, dass wir andere Menschen aushalten. Die Menschen, mit denen wir in der Familie eng zusammen sind, entsprechen nicht immer unseren Vorstellungen. Wenn wir alles an ihnen ändern wollen, damit sie unseren Vorstellungen entsprechen, wird das Miteinander nicht gelingen. Es braucht auch die Bereitschaft, den anderen in seiner Andersheit zu akzeptieren. Aushalten heißt auch, dass wir zu diesem Menschen halten, an ihm festhalten und ihn nicht fallen lassen, wenn er unseren Vorstellungen nicht entspricht. Für die frühen Mönche war das Aushalten gerade schwieriger Mitmenschen immer auch eine spirituelle Übung. Sie haben den anderen, der schwierig war, immer auch als Spiegel für sich selbst gesehen. Im anderen lernten sie sich selber besser kennen.

> Wenn wir schwierige Menschen als Spiegel sehen, lernen wir uns selber besser kennen.

Manchmal nennen sie den schwierigen Mitmenschen sogar den Arzt, den Gott mir geschickt hat, um mich auf meine Wunden hinzuweisen. Diese Wunden, die im Miteinander mit einem schwierigen Mitmenschen auftauchen, soll ich Gott hinhalten, damit Gott sie heilt.

Lebensgrundlage Vertrauen

In der Corona-Krise mussten wir viel Vertrautes loslassen: unseren gewohnten Lebensrhythmus, unsere Gewohnheit, etwa mit Freunden mal in den Biergarten zu gehen oder gemeinsam in Urlaub zu fahren. Und wir mussten unsere Pläne loslassen. Wir wussten nicht, was auf uns zukommt. Wir konnten auf einmal nicht mehr für die nächsten Wochen planen. Gerade in einer Situation, in der so viel Vertrautes wegbricht, brauchen wir das gegenseitige Vertrauen aber ganz besonders. Wenn der vertraute Boden wegbricht, braucht es ein anderes Fundament, das uns Sicherheit schenkt. Die schon erwähnte Umfrage zeigte: »Das eigene Dach über dem Kopf« war für 67 Prozent ein Grund zur Dankbarkeit, mehr noch als alle digitalen Möglichkeiten der Vernetzung: Da war einerseits ein neues Gespür für das Vertraute und Nahe spürbar, eine neue Wertschätzung für Heimat. Darin spiegelt sich auch Vertrauen zu nahen Menschen: zum Ehepartner, zu Freunden. Aber nicht nur das.

> In einer Situation, in der Vertrautes wegbricht, brauchen wir das gegenseitige Vertrauen.

Es gibt auch einen anderen gesellschaftlichen Aspekt. In der Krise mussten die Politiker unliebsame Entscheidungen treffen, Entscheidungen, die unser privates Leben, aber auch das öffentliche Leben erheblich eingeschränkt haben. Da regte sich in vielen Widerstand. Aber in so einer schwierigen Situation haben wir auch erfahren, dass ein Vertrauen in die Grundwerte unserer Gesellschaft und ein Zutrauen, dass die Verantwortlichen nach bestem Wissen und Gewissen entscheiden, eine Bedingung dafür ist, dass wir gemeinsam diese Krise bewältigen können. Wir brauchen ein Grundvertrauen in die Mitmenschen, dass sie sich genauso wie wir an die Regeln halten und daran interessiert sind, dass wir alle geschützt sind vor der Ansteckung und dass wir gemeinsam diese Krise durchstehen. Und wir brauchen ein Vertrauen, dass der Staat mit seinen Organen funktioniert und dafür sorgt, dass nicht alles im Chaos versinkt und dass wir auch als Gemeinschaft nicht ins Bodenlose fallen, sondern einen Grund finden, auf dem wir aufbauen können.

Vertrauen ist etwas Elementares, das man schon als kleiner Mensch erwirbt, wenn man Liebe und eine gute Beziehung erfährt. Und auch für das Zusammenleben unter Erwachsenen ist es wichtig, im normalen Alltag und bis zum Lebensende. Im Zusammenleben mit anderen geht es immer um beides: Vertrauen zu ermöglichen und Vertrauen selber zu praktizieren. Gerade in Situationen, die uns unvertraut sind, erhält das gegenseitige Vertrauen eine neue Bedeutung, auch wenn schon immer gilt: Wir Menschen sehnen uns danach, dass andere uns vertrauen und dass wir anderen vertrauen können. In dieser Sehnsucht steckt oft auch eine Erwartung an den anderen. Der andere sollte uns vertrauen. Und er sollte so sein, dass wir ihm vertrauen können. Aber es ist nicht in erster Linie der andere, der uns das Vertrauen ermöglichen soll. Der Anfang liegt bei uns.

Vertrauen verbindet. Es ist unverfügbar, und doch auch eine Fähigkeit, die zu einem guten Leben gehört. Wie wird es möglich, und vor allem: Was kann ich tun, damit Menschen mir vertrauen können? Dazu ein unspektakuläres und alltägliches Beispiel: Eine wichtige Bedingung für das Vertrauen ist etwa, dass ich das, was mir andere erzählen, bei mir behalte. Wenn andere spüren, dass ich gerne über Nichtanwesende rede, werden sie selber vorsichtig und zurückhaltend sein. Und auch wenn ich das, was der andere mir zeigt, bewerte, wird mein Gegenüber verstummen.

Was kann ich selber tun, damit andere mir vertrauen können?

67

Ob ich jemandem vertrauen kann oder nicht, das liegt auch an seiner Ausstrahlung. Aber die kann ich nicht genau beschreiben. Ich spüre instinktiv, dass ich diesem Menschen vertrauen kann. Wenn ich mein instinktives Gefühl zu analysieren suche, dann werde ich möglicherweise erkennen: Der andere kennt sich selbst. Er ist ehrlich sich selbst gegenüber. Er nimmt sich selbst an, wie er ist, weil er ausgesöhnt ist mit sich selbst. Einem Menschen, der mit sich im Reinen ist, vertraue ich auch gerne. Wenn ich also möchte, dass Menschen mir vertrauen, dann ist es wichtig, dass ich mir selber traue, dass ich alles, was in mir ist, ehrlich annehme und mich damit aussöhne.

Vertrauen ist auch etwas Aktives. Ich kann dem anderen auch Vertrauen schenken, ihm gleichsam einen Vorschuss an Vertrauen geben. Das kann ich aber nur, wenn ich an den guten Kern im anderen glaube. Der hl. Benedikt spricht davon, dass wir in jedem Bruder und in jeder Schwester Christus sehen sollen. Wir sollen den anderen also nicht festlegen auf das Vorurteil, das bei der ersten Begegnung mit einem Menschen spontan in uns hochkommt. Wir sollen vielmehr durch die Fassade, die der andere uns zeigt, hindurchschauen und glauben, dass in ihm ein guter Kern ist, dass in ihm zumindest die Sehnsucht ist, gut zu sein. Das Vertrauen, das ich dem anderen schenke, kann diesen guten Kern im anderen wecken.

Gerade Menschen, die in großer Not sind, die Angst haben vor dem Sterben, die sich in ihrem Leid alleingelassen fühlen, sehnen sich nach Menschen, denen sie vertrauen können. Sie brauchen nicht den professionellen Helfer, sondern Menschen, denen sie auch ihre Ängste und inneren

Nöte anvertrauen können. Sie werden das aber nur tun, wenn sie spüren: Dem anderen kann ich wirklich vertrauen. Der bewertet mich nicht. Der nimmt mich an, wie ich bin, auch mit meiner Hilflosigkeit. Der liebt mich. Er meint es gut mit mir. Er fühlt mit mir. Dieses Vertrauen dem anderen zu vermitteln ist nicht immer einfach. Denn manchmal kreisen die Notleidenden nur um sich selbst und kommen aus dem Jammern nicht heraus. Dann darf ich auch das Jammern nicht bewerten, sondern soll es ernst nehmen, etwa indem ich bestätige: »Das ist sicher sehr leidvoll für Sie. Das tut weh.« Und ich kann durch meine Fragen zeigen, dass ich mich interessiere für die Not des anderen. Ich gebe nicht gleich gute Ratschläge. Ich lasse mich ein auf seine Not. Aber dann kann ich auch fragen: »Was könnte Ihnen helfen? Was brauchen Sie? Was möchten Sie von mir? Was könnte ich Ihnen geben?« Erst wenn Vertrauen entstanden ist, kann man auch nach Wegen suchen, wie man mit der Angst, mit dem Schmerz, mit dem Leid umgehen kann.

> Vertrauen braucht gerade in Zeiten der Krise ein tieferes Fundament.

Das Vertrauen mir selbst und dem anderen gegenüber braucht aber gerade in Zeiten der Krise ein tieferes Fundament: nämlich das Gottvertrauen. Gott zu vertrauen heißt nicht, dass mir nichts Schlimmes passieren kann, sondern dass ich immer – ganz gleich in welcher Situation – von Gottes guten Händen getragen bin. Und Gottvertrauen bedeutet: Selbst wenn ein Mensch mein Vertrauen enttäuscht, werde ich nicht ins Bodenlose fallen. Ich bin immer noch gehalten von Gott, der mich nie fallen lässt.

Das Prinzip Verantwortung

Zum guten Leben gehört es, nicht nur das eigene Interesse zu verfolgen, sondern auch die anderen und das Ganze zu sehen. In den Zeiten der Krise konnte man bisweilen den Eindruck gewinnen, dass viele Menschen jetzt nicht über den Tellerrand der eigenen Interessen, Wünsche und Bedürfnisse hinaussehen. Das größere Ganze interessiert sie nicht. Verantwortung hat aber immer das Ganze des Lebens, das Ganze der Welt, die Natur ebenso wie die Menschenwelt im Blick.

> Verantwortung hat immer das Ganze des Lebens, das Ganze der Welt, die Natur und die Menschenwelt im Blick.

Sicher gibt es auch Menschen, die in ihrer Kindheit durch andere so schwer verletzt wurden, dass sie seelisch krank werden und schwer traumatisiert bleiben. Aber man kann heute oft auch Menschen begegnen, die sich auch als Erwachsene als Opfer einer verletzenden Erziehung darstellen und ihre Probleme zeitlebens auf das schieben, was sie in ihrer Kindheit an Negativem erlebt haben. Doch ich kann mir auch bewusst machen, dass ich kein ausgeliefertes Kind mehr bin. Erwachsensein bedeutet auch, dass ich die Verantwortung für mein Leben übernehmen kann. Wer sich weigert, die Verantwortung für sich selbst zu übernehmen, der ist auch nicht bereit, die Verantwortung für die Familie, für die Firma, für die Pfarrei, für seine politische Gemeinde zu übernehmen. Pascal Bruckner, ein französischer Philosoph, sieht hinter einer solchen Haltung die Tendenz zur Infantilisierung und eine Neigung zur Opferrolle. Der Mensch der Zukunft – so meint Bruckner skeptisch – ist ein alterndes Riesenbaby mit

Riesenansprüchen an die Gesellschaft, die Kirche, die Firma, die Gemeinde. Schuld an der eigenen Misere sind dann bei solchen Menschen immer die anderen: Es kann unmöglich sein, dass ich selbst einen Fehler mache. Wenn ich mir den Kaffee über den Oberschenkel schütte und mich dabei verbrühe, dann ist der Hersteller schuld, der mich nicht darüber aufgeklärt hat, dass der Kaffee heiß ist. Leider verbreitet sich eine solche Opfermentalität immer mehr.

Dagegen braucht es die Bereitschaft, Verantwortung zu übernehmen: für sich selbst, für andere, für die Gesellschaft und für die Schöpfung. Theologen und Philosophen haben in den letzten Jahrzehnten die Verantwortung in den Mittelpunkt heutiger Ethik gestellt. Albert Schweitzer fordert eine Steigerung des Verantwortungsgefühls. Der Kern einer Ethik grenzenloser Verantwortung ist für ihn die Ehrfurcht vor dem Leben. Und Carl Friedrich von Weizsäcker fordert zu einer umfassenden Weltverantwortung auf: zur Verantwortung für Frieden und Gerechtigkeit und für die Bewahrung der Schöpfung.

Der Philosoph Hans Jonas hat in seinem wichtigsten Werk *Das Prinzip Verantwortung* seine Überzeugung begründet: Wir sind nicht nur, im Kleinen wie im Großen, für die unmittelbaren Folgen unseres Handelns verantwortlich. Wir müssen auch vorausschauend Verantwortung für diese Welt übernehmen, konkret: für den Klimawandel und für die Strukturen der globalisierten Welt. Dieser Philosoph vergleicht die Verantwortung der Eltern für ihre Kinder mit der Verantwortung des Staatsmannes. Es geht um eine Totalität der Verantwortung und die Vermeidung nicht abschätzbarer

Risiken. Die elterliche Verantwortung ist der Archetyp für jede Verantwortung. So wie die Eltern die Verantwortung für das Kind in seiner Ganzheit, also auch für sein Werden und seine Entwicklung, übernehmen, so sind wir für diese Welt in einem ganzheitlichen Sinn verantwortlich. Nach Aristoteles ist gerade das auch die Verantwortung des Staatsmannes: dass menschliches Leben auch in Zukunft möglich ist. Verantwortung muss demnach immer fragen: Was kommt danach? Wohin wird es führen? Hans Jonas stellt als Grundsatz für die Verantwortung auf: »Handle so, dass die Wirkungen deiner Handlung verträglich sind mit der Permanenz echten menschlichen Lebens auf Erden.« Die Verantwortung hat also immer das Ganze im Blick.

Wenn wir vom christlichen Glauben her von Verantwortung sprechen, dann verstehen wir darunter immer eine Antwort auf die Fragen Gottes an den Menschen. In den ersten Kapitel der Bibel zeigt sich das: Gott stellt den Menschen in die Verantwortung für seine Schöpfung. »Gott, der Herr, nahm also den Menschen und setzte ihn in den Garten von Eden, damit er ihn bebaue und hüte« (Gen 2,15). Wir sind verantwortlich dafür, wie wir mit der Schöpfung umgehen. Wir sollen sie hüten und pflegen und nicht ausbeuten für die eigenen Zwecke. Gott verlangt von Adam, der sich seiner Schuld nicht stellen möchte, dass er Verantwortung für sein Handeln übernimmt. Er fragt ihn: »Wo bist du?« (Gen 3,9). Adam kann sich nicht vor seiner Verantwortung drücken. Er muss zu seiner Schuld stehen. Und Gott fordert vom Menschen die Verantwortung für seinen Bruder.

Verantwortung im biblischen Verständnis

Er stellt Kain, der seinen Bruder Abel erschlagen hat, die Frage: »Wo ist dein Bruder Abel?« (Gen 4,9). Kain kann sich nicht damit herausreden, dass er nicht der Hüter seines Bruders sei. Wir sind füreinander verantwortlich.

Biblischer Glaube sagt: Wir geben Gott eine Antwort mit unserem Leben. Wenn wir es verantwortlich leben, lassen wir das einmalige Bild, das Gott sich von jedem von uns gemacht hat, sichtbar werden. Gott spricht zu uns in unserem Gewissen. So ist die erste Antwort auf seinen Anruf, auf unser Gewissen zu hören. Das Gewissen zeigt uns nicht nur, dass wir die einmalige Gestalt leben sollen, die Gott jedem zugedacht hat. Das Gewissen verweist uns auch auf die Brüder und Schwestern, vor deren Not wir nicht die Augen verschließen dürfen. Verantwortung ist nicht nur ein philosophisches Thema, sondern eine spirituelle Aufgabe. Im Gebet sollen wir gut hinhören, was Gott – heute, von uns und ganz persönlich von mir – möchte, welche Aufgabe in der Welt ich habe. Spiritualität heißt: darauf eine konkrete Antwort geben. Das deutsche Wort »Antwort« meint: Ich sage ein Wort »anti« = »im Angesicht« dessen, der mich gefragt hat. Ich schaue also auf Gott und antworte ihm mit meinem Handeln. Jesus sagt am Ende der Bergpredigt: »Wer diese meine Worte hört und danach handelt, ist wie ein kluger Mann, der sein Haus auf Fels baute« (Mt 7,24). Im Griechischen steht hier: »die Worte tun (poiein)«. Ich antworte auf die Worte Jesu, indem ich sie tue, sie erfülle, sie kreativ umsetze (»poiein« heißt auch: »schaffen«, »schöpferisch wirken«). Eine kreative Umsetzung dieser Worte verlangt, dass

> Verantwortung ist auch eine spirituelle Aufgabe.

wir nicht nur auf Jesu Worte hören, sondern auch auf die Zeichen der Zeit, auf die Herausforderungen der Gegenwart. Nur dann werden wir die Worte Jesu auf eine Weise erfüllen, die zum Segen für die Welt wird.

Papst Franziskus sieht die kreative Umsetzung der Worte Jesu heute vor allem in der Hinwendung zu den Armen und in der Bewahrung der Schöpfung, in der Ehrfurcht vor der Natur. Christliches Leben bedeutet also mehr, als nur spirituelle Gedanken zu haben. Es verlangt eine tatkräftige Antwort auf die vielen konkreten Fragen, die Gott jedem Einzelnen in seinem Gewissen stellt und die er an uns als Kirche und als Gesellschaft richtet.

Es hilft den Menschen nicht, wenn ich an sie den moralischen Appell richte, sie sollten doch Verantwortung übernehmen. Romano Guardini hat in seiner Theologie immer den Vorrang des Seins vor dem Sollen betont. Mit dieser Philosophie wendet er sich gegen die Philosophie von Immanuel Kant, der vor allem das Ethos, das Sollen, im Blick hat. So spricht Guardini vom Gehorsam gegenüber der Wahrheit. Wenn wir der Wahrheit folgen, dann leben wir Seins-gerecht, dann leben wir gut. Das gilt auch für die Verantwortung. Die Verantwortung für das Ganze gehört zum Wesen unseres Menschseins. Unser Menschsein gelingt nicht, wenn wir diese Wahrheit unseres Seins verdunkeln oder verdrängen. Gutes Leben geschieht nur dort, wo wir in Übereinstimmung mit unserer Wahrheit leben.

Mitgefühl, Zuwendung und Solidarität

Nicht nur in allgemeinen Krisenzeiten sind Beziehungen zwischen Menschen immer wieder auf die Probe gestellt. Ich erlebe Ehepaare oder auch Freunde, die die Krankheit oder das Leiden des Partners oder des Freundes wahrnehmen, aber dann einfach zur Tagesordnung übergehen. Sie arrangieren sich mit der Krankheit oder Not des anderen. Aber sie nehmen sich nicht die Zeit, sich in den anderen wirklich einzufühlen. Das Einfühlen oder Mitfühlen drückt sich schon darin aus, dass ich diesen Mitmenschen einfach frage, wie er sich fühlt, wie er mit der Krankheit umgeht, was sie mit ihm macht. Das deutsche Wort »Frage« ist verwandt mit »Furche«. Ich grabe in der Frage eine Furche in den Acker des anderen, damit der hart gewordene Boden aufgebrochen wird. Das ist die Bedingung, dass der Same auf fruchtbaren Boden fällt und reiche Frucht bringt. Der andere wird schnell merken, ob meine Fragen aus einem Mitgefühl heraus gestellt werden oder nur aus Neugier.

Mitgefühl bedeutet auch, dass ich mich in den anderen einfühle, mich gleichsam an seine Stelle setze und mich frage: Wie würde es *mir* mit dieser Krankheit, mit dieser Not, mit dieser Angst gehen? Und das nicht aus einer abstrakten Distanz, sondern aus der Absicht heraus, etwas Heilsames für ihn zu bewirken. Ich versuche also zunächst zu verstehen, wie der andere sich in seiner Krankheit fühlt. Ich bewerte seine Gefühle nicht. Und ich nehme *meine* Gefühle, die ich in dieser Situation

> Mitgefühl bedeutet Einfühlung in den anderen in der Absicht, etwas Heilsames für ihn zu bewirken.

hätte, nicht als Maßstab für mein Gegenüber. Einfühlen geschieht immer ohne Wertung. Ich versuche nicht nur zu verstehen, sondern an das Gefühl des anderen heranzukommen. Dann fühle ich mich mit ihm verbunden.

Die Bibel spricht nicht nur von Mitgefühl, sondern auch von Mitleid. Ich lasse mich berühren vom Leid des anderen. Ich leide mit ihm. Allerdings heißt Mitleid nicht, dass ich selbst in meinem Mitleiden versinke. Dann helfe ich dem anderen nicht weiter. Die Bibel hat dafür den Ausdruck: *»splanchnizomai«*, das bedeutet: Ich werde in den Eingeweiden berührt. Die Eingeweide sind der Ort der verwundbaren Gefühle. Ich lasse mich durch den anderen verwunden. Ich lasse meine eigenen Gefühle von Schmerz und Verletzbarkeit zu. Aber mein Mitleid wird nur helfen, wenn ich in meinem Mitleid nicht mit dem anderen verschmelze, sondern wenn ich auf eigenen Füßen stehe. Mitleid und Mitgefühl sind Ausdruck der Liebe. Es ist eine Liebe, die Nähe zulässt, die sich auch verwunden lässt.

Liebe ist ein Tätigkeitswort, hat jemand gesagt. Mitgefühl und Mitleid beschränken sich daher nicht auf meine Gefühle. Es braucht vielmehr als Antwort das Tun. Das Mitgefühl ist die Bedingung, dass meine Zuwendung und meine Hilfe für den anderen stimmig sind. Wenn ich zu sehr von mir ausgehe, dann wird meine Zuwendung den anderen vielleicht erdrücken. Oder sie wird an ihm vorbeigehen. Ich wende mich dann dem anderen zu, um mein schlechtes Gewissen zu beruhigen oder um meinen moralischen Impuls der Nächstenliebe zu befriedigen. Doch eine solche Zuwendung tut dem anderen nicht gut. Er spürt genau, ob meine

Zuwendung Ausdruck meines Mitgefühls ist oder nur mein eigenes Bedürfnis befriedigt, etwas Gutes zu tun. Im Mitgefühl fühle ich mich eins mit dem anderen, habe ich Anteil an ihm. Und dann spüre ich auch, welche Art von Zuwendung dem anderen guttut und welche ihn erdrückt oder an ihm vorbeigeht.

Die Antwort, die ich auf mein Mitgefühl und Mitleid gebe, ist letztlich die Solidarität. Der Sozialethiker Wilhelm Korff definiert Solidarität durch die Formel: »das zu tun, was man einander schuldig ist« (Korff 1155). Das kann, je nach Situation, unterschiedlich sein. In der Corona-Krise zeigt sich die Solidarität mit dem anderen darin, dass ich die aus medizinischen Gründen gebotene räumliche Distanz zu ihm wahre und in bestimmten Situationen eine schützende Maske trage. »Ich schütze mich, um dich zu schützen.« Meine Distanz ist dann nicht Ausdruck meiner Angst, sondern Ausdruck der Fürsorge für den anderen und der achtsamen Solidarität mit ihm. Papst Johannes Paul II. hat in seiner Enzyklika *Sollicitudo rei socialis* die Solidarität als die »feste und beständige Entschlossenheit« beschrieben, »sich für das ›Gemeinwohl‹ einzusetzen, das heißt, für das Wohl aller und eines jeden, weil wir alle für alle verantwortlich sind« (Nr. 38).

In jeder Krise zeigt sich, ob die Menschen sich nur um sich selbst kümmern oder ob sie Solidarität zeigen. Solidarität bedeutet die Bereitschaft, das Gemeinsame zwischen den Menschen zu sehen und sich für dieses Gemeinsame einzusetzen. Konkret zeigt sich Solidarität in der Bereitschaft, zu

> Solidarität ist die Bereitschaft, das Gemeinsame zwischen den Menschen zu sehen und sich dafür auch aktiv einzusetzen.

teilen, was ich besitze – an Gütern und an Wissen. Sie offenbart sich aber immer auch in der Achtung voreinander und in der Zusammenarbeit miteinander.

Das gilt etwa für die Solidarität zwischen den Generationen, zwischen jung und alt: Die älteren Menschen, unsere Großeltern und Eltern, verdienen die Solidarität der Jungen, denen sie Leben ermöglicht, die sie durch das Leben begleitet und an die sie ihre Erfahrung in der Welt weitergeben können. Und die jungen Menschen brauchen umgekehrt die Solidarität der Älteren, damit auch die Generation der Enkel noch in einer Welt wird leben können, die lebenswert ist. Solche Solidarität zeigt sich heute nicht nur im engen Umkreis der eigenen Familie und nicht nur im Blick auf die eigene Gesellschaft, sondern im Zeitalter der Globalisierung bezieht sich die Solidarität auf alle Menschen.

Da der Mensch ein soziales Wesen ist, lebt er wesensgerecht nur dann, wenn er bereit sich, in Beziehung zu den Mitmenschen zu treten. Er ist solidarisch, wenn er nicht nur an sich selbst denkt, sondern sich bewusst auf den Weg zu anderen macht. Der Mensch hat in sich immer beide Bestrebungen: die eine, dass er nur um sich kreist und sich um die anderen nicht kümmert; und die andere, dass er sich bewusst um andere sorgt und fürsorglich mit ihnen umgeht. Die erste Tendenz wird sichtbar in Kain. Als Gott ihn fragt: »Wo ist dein Bruder Abel?«, antwortet Kain: »Bin ich der Hüter meines Bruders?« (Gen 4,9). Kain bringt seinen Bruder Abel um, weil er neidisch auf ihn ist und nur sein eigenes Wohl im Blick hat. Doch der Mord führt letztlich dazu, dass er ruhelos in der Welt herumirrt. Er hat die Solidarität mit seinem

Bruder verweigert. Jetzt verweigert die Natur die Solidarität mit ihm. Er ist ausgeschlossen nicht nur aus der menschlichen Gemeinschaft, sondern ausgeschlossen auch aus der Einheit mit der Natur.

Doch daneben gibt es auch die fürsorgliche Tendenz im Menschen, die Solidarität gerade mit den Menschen in Not. Das biblische Beispiel dafür ist die Erzählung Jesu vom barmherzigen Samariter. Der Priester und der Levit gehen an einem halbtot geschlagenen Mann vorbei. Sie kreisen nur um das eigene Wohl, um die Termine, die sie haben, um die eigene Reinheit und Unbescholtenheit. Sie wollen sich die Finger nicht schmutzig machen mit dem verletzten Mann. Der Samariter, der nicht als besonders fromm geschildert wird, geht einfach spontan auf den Notleidenden zu. Er hat Mitgefühl. Er lässt sich von ihm berühren. Und er sorgt für ihn. Das griechische Wort für diese Art der Sorge heißt »*meletao*«. Es meint eigentlich: ein Herz für den anderen haben. Der Samariter hat ein Herz für den verletzten Mann. Der Priester und der Levit sind herzlos. Aber sie werden mit ihrer Herzlosigkeit nicht glücklich. Der Samariter sorgt für den Mann, der unter die Räuber gefallen ist, er wird solidarisch mit ihm. Und man spürt aus der Geschichte, die Jesus erzählt, dass er mit seinem Tun nicht nur für den anderen sorgt, sondern dass er sich auch im Einklang fühlt mit sich selbst. Er ist seinem innersten Impuls gefolgt. Das führt zur inneren Zufriedenheit.

Auch Solidarität ist mehr als nur ein Gefühl. Sie ist Praxis und bedeutet: sich auf den Weg machen zum anderen, der in Not ist. So ist die Solidarität nicht nur eine ethische Verpflichtung, sie ist auch der Weg dazu, dass wir uns in der menschlichen Gemeinschaft im Einklang fühlen mit uns selbst. Weil wir offen sind für die Menschen, weil wir mit ihnen unsere Zeit und unser Geld teilen, kommen wir auch mit uns selbst in Frieden.

Was Helfen bewirkt

Die Pointe im Gleichnis vom barmherzigen Samariter heißt: »Geh und handle genauso!« (Lk 10,36f). »Es gibt nichts Gutes außer man tut es«, so hat Erich Kästner es für den heutigen Menschen auf den Punkt gebracht: Nicht um das Gute im Allgemeinen geht es im Alltag, sondern um die konkrete nächste Gelegenheit, es zu *tun*.

> Nicht um das Gute im Allgemeinen geht es, sondern darum, es konkret zu *tun*.

Freilich jeder nach seinen Möglichkeiten, und je nach Situation, möglicherweise ganz unterschiedlich.

Das gilt ja nicht nur für die zahlreichen Menschen, die in der Zeit der Krise halfen, dass das Alltagsleben nicht zum Erliegen kam, oder die Menschen im Krankenhaus, die sich bis zur Erschöpfung für die Kranken einsetzten. Oft ist es auch einfach schon das Dasein, das Aushalten einer schweren Situation eines Mitmenschen, das hilft, Leiden zu lindern oder auszuhalten. Beispiele gab es viele, wie etwa die folgenden: Da hat eine Lehrerin die Monatsmiete für die Inhaberin eines kleinen Buchladens übernommen, der während des Lockdowns zumachen musste. Da musizierten Jugendliche in der Zeit der Quarantäne vor einem Altersheim, und die isolierten Senioren, die keinen Besuch mehr erhalten durften, kamen auf den Balkon und freuten sich. Ein Verlag spendete von jedem verkauften E-Book einen Euro an Gesundheitseinrichtungen. Geschäfte gaben einen Preisnachlass für Krankenhauspersonal. Mitarbeiter eines Kaufhauses sammelten für Blumengestecke, die sie dann in ein Altenwohnheim schickten. Oder ein Kurort verschenkte Ferienaufenthalte an Menschen, die unter schweren Umständen in der Pflege ihre Mitmenschen geschützt hatten.

»Helfen« sei das schönste Wort in der Welt, noch schöner als »lieben«: Die österreichische Schriftstellerin und Friedensnobelpreisträgerin Bertha von Suttner hat das gesagt. Einem anderen zu helfen, ihn zu unterstützen, ihm in seiner Not beizustehen, darin zeigt sich echte Menschlichkeit. Dass wir einander lieben sollten, darüber sind sich vielleicht alle Menschen einig. Aber oft bleibt die Liebe in der Idee stecken, sie drückt sich nicht im konkreten Miteinander aus. Das Helfen, das wir nicht aufdrängen, sondern das durch die Notlage des anderen eingefordert wird, ist die Konkretisierung der Liebe. Da geht es darum, dass wir Verbundenheit mit anderen Menschen nicht nur erkennen, sondern auch die Konsequenz aus ihr ziehen.

Wer anderen uneigennützig hilft, kann auch selber eine positive Erfahrung machen. Die Menschen, die in Zeiten der Krise anderen beigestanden haben, haben darunter nicht gestöhnt. Vielmehr haben sie erfahren, dass sie selbst durch das Helfen beschenkt werden. Sie wurden beschenkt mit der Dankbarkeit der alten Men-

> Wer uneigennützig hilft, tut auch sich selber etwas Gutes.

schen, deren Einsamkeit sie durchbrochen haben, oder mit der Dankbarkeit der Armen, die auf die Tafeln angewiesen sind. Sie haben neue Erfahrungen gemacht. Ihr Horizont hat sich erweitert. Das haben sie als bereichernd erlebt.

Wir helfen dem anderen allerdings nicht, um selbst etwas zu bekommen. Vielmehr lassen wir uns auf den ein, der Hilfe braucht. Aber indem wir uns auf ihn einlassen, entsteht eine Begegnung, die auch uns verwandelt. Wir spüren, dass unser Leben einen Sinn hat. Wir leben nicht nur, um uns wohlzufühlen. Wenn es uns immer nur um das Wohlgefühl geht, werden wir oft enttäuscht. Wenn wir unsere eigenen Bedürfnisse einmal loslassen und uns auf einen anderen Menschen einlassen, dann erleben wir, dass wir zum Segen werden dürfen für andere. Indem wir andere aufrichten, gehen wir selber aufrechter und froher durch das Leben. Wenn ich mein Herz öffne, werde ich selber reich beschenkt. Durch mich ist jemand mehr zum Leben gekommen. Das weckt in mir ein Gefühl der Dankbarkeit und der Freude.

Der Psychotherapeut Wolfgang Schmidbauer hat in seinem Buch »Die hilflosen Helfer« analysiert, wie manche Helfer lieber andern helfen möchten, weil sie sich selbst nicht helfen können. Das Helfen wird in einer solchen Motivation ein Ersatz für die eigene Ohnmacht und das eigene mangelnde Selbstwertgefühl. Denn wenn ich einem andern helfe, bin ich in der stärkeren Position. Das kann für Menschen mit einem schwachen Selbstwertgefühl eine Falle sein. Doch mit dieser kritischen Sicht des Helfens wurde oft der positive Sinn und eine positive Motivation des Helfens übersehen. Dem an-

Zur Klärung der Motive des Helfenden

dern zu Hilfe zu werden, einem andern aus einer Not heraus zu helfen, das gehört zur Würde des Menschen.

Sicher sind wir nie ganz im Reinen mit uns selbst. Und unser Helfen ist möglicherweise auch von unreinen Motiven geprägt. Aber was bedeutet das? Eine alte Mönchsgeschichte erzählt von einem Mönch, der dachte: Alles, was ich tue, ist von unreinen Motiven geprägt. Ich helfe, um gut dazustehen. Ich bete, um mich über andere zu stellen. Also mache ich lieber gar nichts, weder beten noch helfen. Da erzählt ihm der Altvater eine Geschichte: In einer Stadt lebten zwei Bauern, die nur ungereinigtes Getreide hatten, um es auszusäen. Ein Bauer weigerte sich, ungereinigtes Getreide zu säen. Der andere dagegen hat es ausgesät. Der Altvater fragte: »Wer hatte nach einem Jahr etwas zu essen?« Der Mönch antwortete: »Der, der ungereinigtes Getreide gesät hat.« Da sagte der Altvater: »Also lasst uns ungereinigte Getreide säen, damit wir etwas zum Essen haben.« Die aktuelle Botschaft dieser Geschichte: Wer sich weigert, zu helfen, weil sein Helfen von unreinen Motiven geprägt sein könnte, der verhungert mit seinem Leben. Wir sollen helfen und zugleich immer mehr unsere Motive klären bzw. reinigen. Aber wenn wir unser Herz öffnen, dürfen wir darauf vertrauen, dass auch ungereinigtes Getreide Frucht bringt.

Wie also sollen wir helfen? Helfen hat auch mit der Haltung der Demut zu tun. Konkret: Wer sich selbst das eigene Arme bewusst macht, der wird auch anders mit den Armen vor seiner Haustüre umgehen. Die Verdrängung der sozialen Armut rührt vielfach daher, dass viele Menschen ihre eigene innere Armut verdrängt haben. Sie verschließen ihre Augen vor den verletzten und verzweifelten Menschen in ihrer

Nähe, weil sie in ihnen ihren eigenen Verletzungen und ihrer eigenen Verzweiflung ins Auge sehen müssten. Sie weigern sich, die Armut in ihrer Umgebung wahrzunehmen, weil sie sie an die eigene Armut erinnert.

Es gibt einen aufschlussreichen Satz im Matthäus-Evangelium, der sagt, wie wir anderen helfen sollen. Wir sollen uns im Helfen nicht »gnädig« und »von oben herab« zum anderen herabbeugen. Das Jesus-Wort: »Amen, ich sage euch: Was ihr für einen meiner geringsten Brüder getan habt, das habt ihr mir getan«, legt Matthäus einem König in den Mund (vgl. Mt 25,40). Das bedeutet, wir sollen unserem Gegenüber Respekt zeigen und uns beim Helfen immer bewusst sein, dass wir Königen und Königinnen helfen. Und unsere Hilfe besteht darin, dass sich die Armen, die sich oft als erdrückt und gebeugt erleben, wieder aufrichten und sich wieder als Könige und Königinnen fühlen. Wenn Könige und Königinnen einander begegnen, dann erleben sie ihre Begegnung als beglückend. Sie wird zu einer königlichen Erfahrung, die allen guttut.

> Wie sollen wir helfen? Nie »von oben herab«. Und immer mit Respekt vor unserem Gegenüber.

Nächstenliebe und Selbstliebe

»Liebe deinen Nächsten wie dich selbst!« Viele haben dieses Wort Jesu als ein Gebot verstanden, das ihnen ein schlechtes Gewissen vermittelt. Sie sehen es als moralischen Appell, dem sie nie ganz gerecht werden können. Aber eigentlich ist es ein Wort des Lebens. Es will uns nicht überfordern, sondern einen Weg zum guten Leben zeigen. Diese seine Absicht wird deutlich, wenn wir die lukanische Fassung des Gesprächs zwischen dem Gesetzeslehrer und Jesus betrachten. Der Gesetzeslehrer fragt: »Was muss ich tun, um das ewige Leben zu gewinnen?« (Lk 10,25) Die Frage »Was soll ich tun?« ist eine typische Frage der griechischen Philosophie. Ziel dieses Tuns ist das ewige Leben. Das ist für die Griechen nicht nur das Leben nach dem Tod, sondern eine neue Qualität des Lebens, wirkliches Leben, das durch den Tod nicht zerstört wird. Es geht also um das gute, wahre Leben.

Jesus verweist den Frager auf das Gesetz. Das Gesetz ist für die Juden nicht etwas Belastendes. Die Juden preisen Gott für die Weisheit der Gesetze, die er ihnen gegeben hat, damit ihr Leben gelingt. Der Gesetzeslehrer antwortet mit den beiden Geboten der Gottesliebe und der Nächstenliebe. Jesus lobt den Gesetzeslehrer und fordert ihn auf: »Handle danach, und du wirst leben« (Lk 10,28). Das Ziel der Nächstenliebe ist also: Du wirst leben.

> Die Kunst: ein gutes Gleichgewicht zu finden zwischen der Liebe zu mir und zum Nächsten.

Im Griechischen steht hier eine Form eines Verbs, dass mit dem Substantiv »zoe« verwandt ist. »Zoe« ist das erfüllte Leben, das gelingende Leben – im Gegensatz zu »bios«, das nur das Faktum des Lebens bedeutet.

Aber wen sollen wir als Nächsten lieben? Diese Frage stellt der Gesetzeslehrer auch an Jesus: »Und wer ist mein Nächster?« (Lk 10,29). Die gleiche Frage haben sich in der Corona-Krise viele gestellt: Sollte ich meine Liebe allen Menschen zeigen? Oder sind nicht meine eigenen Angehörigen, die kranken alten Eltern und Großeltern in erster Linie die

Nächsten, die ich lieben soll? Jesus versteht Nächstenliebe immer konkret. Daher geht sie zunächst durchaus auf die nächsten Verwandten. Es gibt ja auch die Tendenz, mit einer abstrakten »Fernenliebe« der konkreten »Nächstenliebe« auszuweichen. Es ist also legitim, sich in Liebe den nächsten Angehörigen zuzuwenden. Nur sollte meine Liebe nicht ausschließen, sondern einschließen. Sie soll zugleich offen sein auch für die Menschen in der Ferne. Aber diese Liebe zu den Menschen in der Ferne kann ich weniger mit einem konkreten Handeln ausdrücken, sondern eher durch Gebet und Mitgefühl und durch gelebte Solidarität.

Jesus verbindet die Nächstenliebe mit der Selbstliebe. Beides braucht ein gutes Gleichgewicht. Ich kann den Nächsten nur lieben, wenn ich mich auch selbst liebe und meine eigenen Bedürfnisse nicht vernachlässige, sondern achte. Hat man früher das Augenmerk vor allem auf die Nächstenliebe gelegt und gemeint, man dürfe gar nicht an sich denken, sondern müsse immer nur für den anderen da sein, so ist heute das Pendel in die andere Richtung ausgeschlagen. Viele kreisen nur um die Selbstliebe: Hauptsache, mir geht es gut. Die Psychologin Ursula Nuber spricht von der »Egoismusfalle«, in die man gerät, wenn man nur sich selbst lieben möchte. Das führt nicht zu einem erfüllten Leben. Zu einem guten Leben gehört immer beides: die Nächstenliebe und die Selbstliebe.

Jesus stellt das Gebot der Nächstenliebe und das der Selbstliebe aber nicht nur nebeneinander, sondern er verknüpft sie miteinander: Ich soll den Nächsten lieben wie mich selbst. Ich soll mich also um den Nächsten genauso kümmern wie um mich selbst. Ich soll ihm genauso wohlwollend begegnen wie mir selbst. Wir meinen, die Selbstliebe sei leichter als die Nächstenliebe. Aber ich kenne Menschen, die sich durchaus für andere einsetzen, sich aber selbst nicht lieben können. Sie sind nicht zufrieden mit sich selbst. Dann wird ihr Einsatz für andere oft zum Ersatz für die Selbstliebe. Doch wenn ich den anderen liebe, ohne mich selbst zu lieben, dann wird meine Liebe für den anderen nicht zum Segen werden. Er spürt, dass ich ihn brauche, um meiner eigenen Unfähigkeit, mich zu lieben, aus dem Weg zu gehen.

Die Kunst des rechten Lebens besteht also darin, ein gutes Gleichgewicht zu finden zwischen der Liebe zu mir und der zum Nächsten. Lieben heißt: mich ganz und gar annehmen, auch mit den schwachen Seiten in mir, auch mit meiner Unzufriedenheit, mit dem mangelnden Selbstvertrauen. Dann werde ich auch fähig, den anderen so anzunehmen, wie er ist. Das, was mich an ihm stört, fordert mich heraus, das Störende in mir selbst zu erkennen und mich damit liebend auszusöhnen. So hilft die Verbindung von Nächstenliebe und Selbstliebe zu einem guten Leben, zu einer guten Beziehung zu mir und zu den Menschen.

Sorgen für andere und für sich

Erich Fromm hat in seinem berühmten Buch *Die Kunst des Liebens* Liebe definiert als tätige Fürsorge für andere. Die Fürsorge gehört wesentlich zum Menschen. Die Eltern sorgen für ihre Kinder. Die Kinder sorgen für ihre Eltern, wenn sie alt und hilfsbedürftig geworden sind. Die Pädagogin sorgt für die behinderten Kinder und die Krankenschwester für die Kranken.

Aber es gibt neben der Fürsorge auch eine ängstliche Sorge, die quälend ist. Diese Sorge meint Jesus, wenn er zu seinen Jüngern sagt: »Sorgt euch nicht um euer Leben und darum, dass ihr etwas zu essen habt« (Mt 6,25). Der Evangelist benutzt hier das griechische Wort »merimna«. Es ist die Sorge, die uns Kummer bereitet, die uns innerlich spaltet und uns mit sorgenvollen und ängstlichen Gedanken erfüllt. Dagegen verwendet Lukas beim barmherzigen Samariter das andere Wort »meletao«. Der Samariter sorgt für den Mann, der unter die Räuber gefallen ist. »Meletao« heißt: ein Herz für andere haben. Diese Sorge gehört wesentlich zum Gelingen des Lebens.

Oft mischen sich bei uns die quälenden Sorgen mit der liebenden Fürsorge. Eine Mutter sorgt sich ängstlich um ihren Sohn, dass er keinen Unfall hat. Solche ängstlichen Sorgen können den Sohn schwächen oder auch ängstlich werden lassen. Die Kunst besteht darin, die ängstliche Sorge immer wieder in eine liebende Sorge zu verwandeln. Wenn die Mutter die ängstliche Sorge spürt, kann sie sie nicht einfach abstreifen. Aber anstatt ihren Sohn mit ihren Ängsten zu überschütten, sollte sie für ihren Sohn beten. So kann sich ihre ängstliche Sorge in liebende Fürsorge wandeln.

> Menschsein heißt: Ein Herz für andere haben. Und auf den Wert und die Würde des eigenen Lebens achten.

Zum Menschsein gehört aber auch, dass wir für uns selber sorgen. Das ist keine Form von Egoismus, sondern ein Achten auf den Wert und die Würde unseres Lebens. Ich sorge mich um meine Gesundheit, weil ich das Leben als Geschenk erfahre, es achte und nicht leichtsinnig schädigen möchte. Ich sorge um meinen Leib und pflege ihn, anstatt ihn verwahrlosen zu lassen. Damit erweise ich nicht nur mir, sondern auch den Menschen in meiner Umgebung eine Wohltat. Denn neben einem verwahrlosten Menschen geht es uns nicht gut.

Wir sprechen auch von Seelsorge. Das heißt zunächst, dass ich für meine eigene Seele sorge, dass ich darauf achte, was mir meine Seele sagt. Solange ich gerne für andere sorge, soll ich mir keine Gedanken machen. Aber wenn ich gereizt bin oder aggressiv oder unruhig oder wenn ich mich ausgenutzt fühle, dann will mir meine Seele sagen: Sorge auch für dich selbst. Sonst wirst du dich überfordern, und du wirst verbittern. Das tut dir nicht gut und auch den Menschen, für die du sorgst.

Neulich kam eine Frau zu mir und beklagte sich, dass ihr Mann sie so wenig beachte, dass ihr Mann keine Gefühle zeigen könne. Sie versucht, ihren Mann ständig dazu zu bewegen, doch endlich zu zeigen, was er fühlt. Doch je mehr sie den Mann drängt, desto weniger gelingt es ihr. Ihr konnte ich vermitteln, dass es wichtig für sie ist, zunächst einmal für sich selbst zu sorgen: »Überlegen Sie, was Ihnen Freude bereiten würde. Vielleicht ist es gut, für sich ein paar Kurse auszusuchen oder sich irgendwie fortzubilden oder sich Freundinnen zu suchen, mit denen Sie etwas unternehmen.« Wenn sie für sich selber sorgt, kann das auch für die Beziehung heilsam sein. Sie ist nicht mehr auf ihren Mann fixiert und erwartet von ihm, dass es ihr gut geht. Weil es schwer für sie war, auszuhalten, dass ihr Mann sich nicht zeigen konnte, sorgte sie selber dafür, dass es ihr gut ging. Und das entspannte dann auch die Beziehung.

Eine gute Konfliktkultur

Im Miteinander gibt es immer auch Konflikte. Und wenn wir in der Krise enger zusammenrücken, werden natürlich auch die Konflikte zahlreicher. Wenn die Konflikte verdrängt werden, schwären sie unter der Decke weiter. Sie äußern sich dann als Gereiztheit und passive Aggression. Oder aber sie führen dazu, dass man nur noch nebeneinanderher lebt. Indem man jedem Konflikt aus dem Weg geht, findet man auch keinen Weg zur Nähe mit dem anderen. Für ein gutes Zusammenleben heißt das: Konflikten nicht aus dem Weg gehen – aber Konflikte lösungsbezogen angehen.

> Gutes Zusammenleben braucht beides: Konflikten nicht aus dem Weg gehen. Aber sie auch lösungsbezogen angehen.

Konflikte offenbaren immer etwas von mir und vom anderen. Die erste Frage, die wir an den Konflikt stellen, sollte sein: Um welche Art von Konflikt handelt es sich? Ist es ein Interessenkonflikt, ein Verteilungskonflikt, ein Zielkonflikt, ein kultureller Konflikt oder ein persönlicher Konflikt? Es ist legitim, dass jeder seine Interessen hat, die er auch vertreten darf. Aber dann sollten wir uns einigen, wie die Interessen der Einzelnen ernst genommen werden, ohne sie absolut zu setzen. Es geht um einen Interessenausgleich. Manchmal gibt es auch innerhalb einer Familie kulturelle Konflikte. Die Kultur des Umgangs miteinander war in der Herkunftsfamilie des Mannes anders als in der Familie der Frau. Und die Kinder bringen aus dem Umgang mit ihren Freundinnen und Freunden wieder eine neue Kultur in die Familie. Auch da ist wichtig, nicht *eine* Kultur absolut zu setzen. Wenn ich die Kultur des anderen verstehe, rege ich mich nicht so schnell darüber auf, dass der andere anders mit Hygiene, Aufräumen, Einkaufen usw. umgeht. Oder sind es persönliche Konflikte? Dann offenbart sich in den Konflikten oft meine eigene Bedürftigkeit. Oder aber alte Wunden brechen auf. Wenn wir uns dann den Konflikt nicht gegenseitig vorwerfen, sondern den anderen mit seiner Empfindlichkeit und mit seiner Lebensgeschichte zu verstehen suchen, dann ist der Konflikt auch eine Chance, einander auf neue Weise anzunehmen. Ich verabschiede mich dann von dem Bild, das ich vom anderen hatte, und versuche, ihn so anzunehmen, wie er in Wirklichkeit ist.

Der erste Schritt bei der Konfliktlösung ist, den Konflikt zu beschreiben, und der zweite Schritt, ihn zu verstehen. Der dritte Schritt kann dann die Lösung sein. Konflikte können nicht gelöst werden, wenn einer immer nachgibt und der andere sich immer durchsetzt. Es braucht ein Hören aufeinander. Eine gute Lösung des Konflikts ist dann gegeben, wenn jeder sich geachtet und ernst genommen fühlt, wenn es keine Verlierer und Sieger gibt, sondern wenn beide mit der Lösung leben können. Natürlich gibt es in der Ehe manchmal Partner, die einfach stur bleiben, die immer auf ihrer Lösung beharren. Doch das ist kein guter Weg, einen Konflikt zu lösen. Dann ist es manchmal ehrlicher, sich einzugestehen, dass wir diesen Konflikt nicht lösen können. Wir warten dann entweder, bis sich nach ein paar Tagen die Fronten aufweichen und eine Lösung möglich ist. Oder aber wir gestehen uns ein: Diesen Konflikt können wir nicht lösen. Wir lassen ihn stehen, aber wir lassen uns von ihm nicht beherrschen. Wir legen die Aufmerksamkeit auf das, was uns verbindet, und gestehen uns das Trennende ein, ohne dass es uns spaltet. Was für die Partnerschaft gilt, kann natürlich auch in gesellschaftlichen Konfliktsituationen hilfreich sein.

Sich versöhnen und Frieden suchen

In der Krise haben viele Familien heftige Konflikte erlebt. Die dauernde Nähe der Partner untereinander oder der Eltern mit den Kindern erzeugt Aggressionen. Die Aggressionen wären eigentlich eine Einladung, sich selber besser abzugrenzen, damit ich gut mit den anderen auskomme. Aber viele haben keinen angemessenen Umgang mit den Aggressionen gelernt. Sie werden dann anderen gegenüber aggressiv und verletzen die anderen. Die wiederum ziehen sich entweder gekränkt zurück – oder aber sie werden den, der sie verletzt hat, auch wieder verletzen. Dann gibt es einen heillosen Teufelskreis.

Daher ist ein Miteinander auf engem Raum nur möglich, wenn wir immer wieder bereit sind zu vergeben. Vergeben heißt nicht: vergessen. Aber Vergeben bedeutet: weggeben. Ich lasse die Verletzung beim anderen. Ich befreie mich also von der Macht des anderen. Aber wenn wir sehr nahe zusammen sind, ist es natürlich nicht so einfach, sich vom anderen zu distanzieren und die Verletzung bei ihm zu lassen. Wir haben ja ständig miteinander zu tun. Und gerade in Augenblicken, in

> Das Miteinander auf engem Raum ist nur möglich, wenn wir immer wieder bereit sind, zu vergeben.

denen wir empfindlich auf die Verletzung reagieren, sind wir oft unfähig zu vergeben. Dann braucht es Rituale, sich gegenseitig Zeit zu lassen. Da ist es gut, dass man sich zunächst etwas zurückzieht. Wenn man dann zur Ruhe gekommen ist, kann man vielleicht vernünftig mit dem anderen sprechen. Dabei ist es nicht gut, wenn man die Verletzung genau analysieren möchte und erst einmal genau unterscheiden will, wer nun wen verletzt hat und wer mehr Schuld daran trägt. Wir sollten dann dem anderen keine Vorwürfe machen, sondern einfach erzählen, wie wir die Verletzung erlebt haben. In der Psychologie spricht man davon, dass ich Ich-Botschaften geben soll, anstatt das Tun des anderen zu bewerten. Wenn ich von meiner Reaktion erzähle, lasse ich dem anderen die Freiheit. Ich bedränge ihn nicht, sich zu entschuldigen. Wir sprechen erst einmal darüber, wie wir beide die Verletzung erlebt haben. Dann können wir das Verhalten des anderen und unsere eigene Reaktion besser einordnen. Dann bedeutet Vergeben: das Vergangene offen und ehrlich anschauen, aber dann auch begraben und loslassen.

Oft ist es ja nicht so eindeutig, wer wen verletzt hat. Es ist meist eine Mischung. Daher ist es auch nicht gut, wenn ich mich immer auf der Seite des Vergebenden finde. Denn dann entsteht ein Gefälle zum anderen hin. Ich bin ja so spirituell und psychologisch so reif, dass ich dem anderen vergebe. Ich stelle mich über ihn. Das stört die Beziehung.

Bei der Vergebung vergibt einer dem anderen. Bei der Versöhnung sind beide beteiligt. Da gibt es kein Gefälle. Wir versöhnen uns, wir stellen die Gemeinschaft wieder her (im Lateinischen: reconciliatio), die durch den Konflikt oder die

Verletzung gestört war. Natürlich müssen beide bereit sein, sich zu versöhnen, nach dem Streit wieder neu anzufangen. Zur Versöhnung gehört, dass wir das Vergangene wirklich loslassen, dass wir zu einem neuen Miteinander bereit sind. Wir machen die Verletzung dem anderen nicht mehr zum Vorwurf. Und wir nehmen die Verletzung nicht als Vorwand, dass wir uns zurückziehen und schmollen. Wir möchten den Konflikt und den Streit ehrlich anschauen, dann aber auch begraben und neu anfangen.

Ein konkretes Beispiel: Wenn zwei Geschwister zerstritten sind oder wenn wir uns mit einem Arbeitskollegen gestritten haben, dann sehnen wir uns nach Versöhnung. Aber es fällt uns nicht leicht, den ersten Schritt zu tun. Wir erwarten vom anderen, dass er sich entschuldigt oder dass der andere auf uns zugeht. Doch auch Versöhnung mit dem anderen beginnt bei mir. Ich soll versuchen, den Zustand der Feindschaft gegen den Zustand der Freundschaft zu vertauschen, den Krieg in Frieden zu verwandeln und die zerbrochene Beziehung wiederherzustellen. Die Frage ist nur, wie das gehen soll. Ich darf meine Gefühle des Verletztseins oder auch der Enttäuschung oder der Wut nicht überspringen. Ich soll sie anschauen und dann in aller Nüchternheit betrachten: Was ist denn geschehen, dass wir uns gegenseitig verletzt haben oder dass die Freundschaft zerbrochen ist, dass wir uns gestritten haben? Nur wenn ich die Gründe verstehe, warum wir uns entzweit haben, kann ich auch die andere Seite anschauen: Was verbindet uns miteinander? Was bedeutet mir der andere? Warum möchte ich gerne mit ihm

Emotionen anschauen.
Aber nicht bewerten.

versöhnt sein? Ist es nicht leichter, mit dem anderen versöhnt zu sein, als ständig mit ihm im Streit zu liegen? Dann kann ich auf den anderen zugehen und ihm sagen, was er mir bedeutet. Und ich kann ihm meinen Wunsch sagen, dass ich gerne mit ihm versöhnt sein möchte. Wichtig ist, dass ich mich bei meinem Versuch, mich mit dem anderen zu versöhnen, nicht über den anderen stelle und unbewusst ihm oder ihr die Schuld zuschiebe, dass wir uns entzweit haben. Der Versöhnungsversuch muss frei von Bewertung sein.

Aber was tue ich, wenn der andere nicht bereit ist zur Versöhnung? Ich kenne Geschwister, die zerstritten sind. Die Schwester möchte gerne mit dem Bruder sprechen, damit sie wieder in eine vernünftige Beziehung kommen. Doch der Bruder verweigert das Gespräch. Er wirft den anderen vor, dass sie ihn bei der Erbschaft ungerecht behandelt hätten. Wenn der andere sich der Versöhnung verweigert, dann ist es meine Freiheit, dass ich nicht im Groll ihm gegenüber bleibe. Ich kann mich innerlich mit dem anderen versöhnen und zunächst betrauern, dass der Bruder sich dem Gespräch verweigert, dass er sich in seinen Groll zurückgezogen hat. Aber ich versuche, ohne Groll zu sein. Ein guter Weg ist, den anderen zu segnen. Wenn ich ihm den Segen zuströmen lasse, dann habe ich Hoffnung, dass der andere mit sich in Einklang kommt. Und ich segne auch mich durch mein Handeln. Und wenn der Bruder mit sich im Einklang ist, dann kann er auch wieder in Einklang kommen mit den Geschwistern. Solange ich innerlich mit ihm verbunden bleibe,

> Ein guter Weg zum Frieden ist, den andern zu segnen. Dann habe ich Hoffnung, dass der andere auch mit sich in Einklang kommt.

indem ich für ihn bete und ihm meinen Segen zusende, solange habe ich noch Hoffnung für ihn. Zur Versöhnung gehört auch, dass ich dem anderen nicht die Macht gebe, zu spalten oder Leben zu zerstören. Ich befreie mich von ihm. Vergebung ist ein Akt der Befreiung. Ich löse mich von der Bindung an den anderen. Vergebung ist etwas, was mir gut tut. Sie ist immer neu gefordert – und möglich. Sie gehört zu einem guten Leben.

Freundlichkeit strahlt aus

Wie anders könnte unsere Welt sein, wenn sich Freundlichkeit wieder als Prinzip des Miteinander durchsetzen würde? Rücksichtnahme, Höflichkeit und Freundlichkeit sind Tugenden, die sich dem Egoismus in den Weg stellen. Besonders den Wert der Freundlichkeit kann man jeden Tag erfahren. Ein Lächeln schafft Beziehung und Nähe. Ein Lächeln sei jetzt besser als ein Händedruck, hörte man aus dem Mund der Kanzlerin, die die Bevölkerung in der beginnenden Corona-Krise auf neue Verhaltensweisen einschwor. Und das war ja nicht falsch. Im Alltag spüren wir, wie es uns guttut, wenn die Verkäuferin im Supermarkt uns anlächelt, wenn der Nachbar in der U-Bahn uns einen freundlichen Blick zuwirft. Dann entsteht mitten in der Anonymität einer Großstadt menschliche Nähe. Und wir alle sehnen uns nach menschlicher Nähe. Ein Lächeln kostet nicht viel. Aber es bewirkt oft mehr, als wir denken. Lächeln überwindet die Barrieren, die oft zwischen Menschen entstehen.

Manche gehen in den Supermarkt und wollen anonym bleiben. Oder sie fahren U-Bahn und wollen keinen Kontakt aufnehmen, sondern nur für sich sein. Viele schauen dann nur auf ihr Handy. Die anderen Menschen existieren gar nicht für sie. Andere haben Angst, sich in der U-Bahn neben einen anderen Fahrgast oder ihm gegenüber zu setzen. Sie sind misstrauisch, halten den anderen für unsympathisch oder feindlich gesinnt. Sie bewerten ihn sofort oder fühlen sich bewertet. Da tut es gut, wenn ein Lächeln diese Unsicherheit beseitigt. Das Lächeln schafft Verbindung. Es zeigt mir, dass der andere mir freundlich gesinnt ist.

> Es ist gut, dass wir heute eine freundliche Spur eingraben möchten in diese Welt.

Die Einführung der Maskenpflicht in Geschäften und öffentlichen Verkehrsmitteln inspiriert uns, auch nach anderen Ausdrucksformen für unsere Freundlichkeit suchen. Da ist das Lächeln nicht mehr möglich. Aber ich kann den anderen trotz Mundschutz freundlich anschauen, und ich kann ihm ein paar nette Worte sagen – spontane Reaktionen, die Verbindung schaffen, Worte, die auch die Distanz, die durch die Masken entsteht, überbrücken.

Die Freundlichkeit, die wir anderen zeigen, tut auch uns selbst gut. Auf einmal antwortet der andere auch mit einem freundlichen Blick. Manchmal entsteht sogar ein schönes Gespräch, oder der andere hilft uns beim Aussteigen, wenn wir ein schweres Gepäck zu schleppen haben. Wir sollten aber nicht auf die Freundlichkeit der anderen warten, sondern können die Freundlichkeit selber aktiv üben. Freundlichkeit bringt uns in Berührung mit unserer eigenen Freude und Heiterkeit, mit der inneren Leichtigkeit unserer Seele.

Sie steckt an. Und sie strahlt zurück. Sie tut allen gut. So verbreiten wir um uns herum eine gute Atmosphäre. Wir haben die Verantwortung für die Ausstrahlung, die wir täglich haben. Wir sind verantwortlich für die Stimmung, mit der wir unser Haus verlassen. Da ist es gut, dass wir uns jeden Tag bewusst machen, dass wir heute eine freundliche Spur in diese Welt eingraben möchten – und dass wir das auch ohne große Mühe auch können.

Neue Möglichkeiten der Kommunikation

Zu den Erfahrungen aus den Zeiten der verordneten Kontakt-beschränkungen, die sich positiv auf unser Leben auswirken können, gehört zweifellos: Wir gehen inzwischen kreativer mit den technischen Möglichkeiten der Kommunikation um. Man sollte diese Möglichkeiten durchaus nutzen, allerdings ohne ihnen zu verfallen. In der Corona-Krise haben wir erfahren, wie hilfreich die neuen Medien sind. Da konnten wir mit den Freunden in Brasilien oder Italien per Internet kommunizieren. Wir konnten mit den Großeltern telefonieren oder per App manchen Austausch gestalten. Durch die neuen Medien ist eine Verbindung zu fernen Freunden entstanden, die vorher nicht so da war. Und wir haben alte Freundschaften wieder neu belebt. Konferenzen in der Firma haben viele Probleme gelöst, und das hat lange Fahrten erspart. Auch die Kommunikation in Unternehmen mit den Filialen in Übersee war möglich, ohne dass wir ständig weite Flüge auf uns nehmen mussten.

Auch neue Möglichkeiten in der kulturellen Teilhabe taten sich auf: Rundfunkanstalten haben auf ihrer Website Wohnzimmerkonzerte gesammelt, Musiker eines Sinfonieorchesters Konzerte mit Solo- und Duoauftritten ihrer Musiker gegeben. Sender boten Ausstellungen an, die man online besuchen konnte. Und für junge Familien gab es unter der Woche eine Lesestunde von namhaften Autoren aus ihrem Wohnzimmer. Es gab Bastelanleitungen, Online-Spiele, Sport- und Tanzvorschläge zum Mitmachen, Lesungen. Die Kreativität schien grenzenlos.

Und so ist die Frage: Wie weit können wir das, was in der Krise funktioniert hat, auch nach der Krise übernehmen? Das würde die Möglichkeiten erweitern, an Kultur teilzunehmen. Und es würde auch weiterhin manche weite Fahrt ersparen, und das wäre auch für die Umwelt gut. Wir stellen unsere Mobilität neu infrage. Natürlich haben wir auch den Unterschied wahrgenommen. Die körperliche Gegenwart hat auch eine eigene Wirkung. Jeder Mensch hat eine Ausstrahlung. Eine therapeutische Sitzung

> Wirkliche Begegnung braucht die Person als Gegenüber.

etwa braucht auch die persönliche Ausstrahlung und die leibhafte Begegnung zwischen zwei Menschen. Aber es wäre gut, zu überlegen, wo eine Video- oder Telefonkonferenz genügt und wo die leibhafte Gegenwart notwendig ist.

Aber andererseits ist es natürlich nicht nur so, dass sich die moderne Lebenswelt durch die Technik vereinfacht. Es gibt auch eine Vereinfachung, die Begegnung verhindern und zum Verlust von eigenem Nachdenken und eigener Kreativität führen kann. In der virtuellen Welt kann ich vieles erledigen, ich kann schnell kommunizieren und unermesslich viele Informationen bekommen. Aber eine wirkliche menschliche Begegnung, wirkliches Leben findet nicht in gleichem Maße statt. Wirkliche Begegnung braucht die Person als Gegenüber, braucht die Sprache, die Stimme, den Eindruck von der körperlichen Präsenz mit all den damit verbundenen subtilen Ausdrucksmöglichkeiten – und nicht nur die Reduktion auf Daten und Fakten.

Wir haben den Segen der technischen Möglichkeiten in der Krise erfahren. Allerdings gab es auch problematische Seiten. Wir wurden von allen Medien tagein, tagaus mit Krisenmeldungen konfrontiert. Das hatte den Vorteil, dass alle gut informiert sein konnten. Aber viele haben fast suchtartig immer auf die neuesten Nachrichten gewartet. Viele berichteten auch von einer nahezu schwindelerregenden Überflutung mit Katastrophenmeldungen und damit verbunden von einem negativen Sog, der ihre Angst und das Gefühl der Bedrohtheit nur verstärkte. Zudem entstand auch die Gefahr für junge Menschen, die sich körperlich nicht mehr austoben konnten, dass sie die ganze Zeit nur mit ihrem Smartphone beschäftigt und noch mehr im Internet unterwegs waren. Wie sehr Menschen andere brauchen, zeigte sich aber gerade auch darin, dass Kinder und Jugendliche nach einer Zeit des Lernens zu Hause sich nach ihren Mitschülerinnen und Mitschülern, nach den Lehrern und Lehrerinnen sehnten.

Grundsätzlich gilt: Alle technischen Neuerungen brauchen immer auch eine neue Kultur, die damit angemessen

> Wir haben den Segen der technischen Möglichkeiten erfahren. Aber es gibt auch problematische Seiten.

umzugehen weiß. Und zu dieser Kultur gehört auch eine gewisse Askese. Askese bedeutet: Einübung in den guten Umgang, Einübung in die innere Freiheit im Umgang mit den neuen Medien. Es ist wichtig, dass wir nicht rundum verfügbar und erreichbar sind. Es braucht auch in Zukunft handyfreie Zonen und Zeiten, in denen wir uns konzentriert auf das einlassen können, womit wir uns gerade beschäftigen: ein Buch, das wir lesen, ein Gespräch, das wir in der Familie führen, oder ein Musikstück, das wir gerade ganz bewusst und aufmerksam hören. Es braucht immer wieder Zeiten der Stille und des Rückzugs. Aber es braucht gerade im kulturellen und im religiösen Leben Orte und Gelegenheiten, bei denen Menschen wirklich zusammenkommen, sich austauschen, feiern und ihre Gemeinschaft real erleben – von Angesicht zu Angesicht.

Würde gewährleisten und einfordern

In der Zeit der Krise wurde öffentlich diskutiert, was wichtiger sei: der Schutz des Lebens oder die Aufrechterhaltung von Wirtschaft und gesellschaftlichem Zusammenleben. Zu Recht wurde darauf hingewiesen, dass der zentrale und grundlegende Wert die Menschenwürde sei. Gerade in Zeiten der Bedrohung des Lebens ist dieser Satz aus dem Grundgesetz der Bundesrepublik Deutschland wichtig: »Die Würde des Menschen ist unantastbar.«

Nicht nur für gesellschaftliche und politische Grundentscheidungen in Krisensituationen, sondern auch für das konkrete Zusammenleben mit anderen ist dieser Wert wichtig. Und er ist besonders wichtig, wenn Menschen schwach oder hinfällig sind oder ihre Verletzlichkeit leidvoll erfahren. Aber was heißt das konkret, wenn der andere von einer Krankheit bedroht wird oder wenn er gar handlungsunfähig oder dement wird? Ich beobachte bei manchen die Tendenz, den alten und dementen Menschen eher wie ein Kind zu behandeln. Ich weiß, dass in den Pflegeheimen heute sehr großer Wert darauf gelegt wird, die alten und dementen Menschen mit ihrem Nachnamen und mit »Herr« bzw. »Frau« anzusprechen. Man hat aus den Fehlern der Vergangenheit gelernt und ist heute sehr darauf bedacht, die Würde der alten Menschen zu wahren.

Aber wie geht es den Familienangehörigen, wenn der alte Vater, der früher so sehr auf Disziplin geachtet hat, jetzt beim Essen keine Kultur mehr hat? Da fällt es nicht so leicht, seine Würde zu beachten. Schon der Weisheitslehrer Jesus Sirach, der jüdische und griechische Weisheit miteinander verbindet, mahnt den Sohn: »Mein Sohn, wenn dein Vater alt ist, nimm dich seiner an, und betrübe ihn nicht, solange er lebt. Wenn sein Verstand abnimmt, sieh es ihm nach, und beschäme ihn nicht in deiner Vollkraft!« (Sir 3,12f). Es gibt in uns die Tendenz, über den alten und schwachen Menschen hinwegzusehen und uns nur um die eigene Gesundheit, um die eigene Vollkraft, wie Jesus Sirach sagt, zu kümmern. Doch gerade in Notzeiten sind wir gefordert, nicht nur die eigene Würde zu achten, sondern auch die Würde der Menschen, die durch die Krise in Not geraten sind.

> Der Wert der Würde ist besonders wichtig, wenn Menschen schwach oder hinfällig sind.

Es gab in der Diskussion um die Corona-Endemie ja auch Stimmen von Politikern, die empfahlen, nichts gegen die Krise zu tun. Nach dem Motto: Wenn genügend Leute angesteckt werden, werden sie auch immun. Und, so lautete vermutlich der unausgesprochene Hintergedanke: Die alten Menschen, die daran sterben, kosten dann das Gesundheitssystem weniger. Bei dieser Haltung ist wenig Sinn für die Würde des Menschen zu spüren. Da werden bewusst alte Menschen auf dem Altar der Wirtschaft geopfert, nach dem Motto: Hauptsache, die Wirtschaft floriert. Die ist offensichtlich wichtiger als die Würde des Menschen. Auf die Würde des Menschen zu achten und sie zu respektieren ist etwas anderes als bloßes Zweckdenken oder rein wirtschaftliches Rechnen. Da gilt eben: Die Würde des Menschen ist unantastbar. Sie hängt nicht von seinem Alter ab und ist mehr wert als ein gutes wirtschaftliches Ergebnis.

Vom Wert der Dankbarkeit

Gerade in schwierigen Zeiten, in denen Angst ansteckend zu werden droht, gibt es ein wichtiges Gegenmittel: Dankbarkeit. Dankbarkeit fördert das gute Leben, denn sie trennt nicht, sondern verbindet. Sie bedeutet die Fähigkeit, von sich abzusehen und sich bewusst zu machen, wie sehr wir auf andere angewiesen sind. Ich bin einmal erschrocken, als mir der Hausmeister einer Schule erzählte, dass Kinder, denen er gesagt hatte, sie sollten das, was

> Dankbarkeit fördert das gute Leben, denn sie trennt nicht, sondern verbindet.

sie fallen lassen, auch selber aufheben und aufräumen, ihm geantwortet hatten: »Dazu sind die Putzfrauen da.« In dieser Haltung drückt sich eine Überheblichkeit gegenüber dem wichtigen Dienst aus, den andere für uns leisten: Selbstbezogenheit als Undankbarkeit und als Gleichgültigkeit gegenüber meinen Mitmenschen.

Wir sollten auch im Alltag eine neue Dankbarkeit den vielen Menschen gegenüber lernen, die dafür sorgen, dass wir gut leben können: denjenigen gegenüber, die in den Firmen putzen, den Angestellten bei der Müllabfuhr, den Polizisten, den vielen Dienstleistern, ohne die unser Leben nicht so reibungslos verlaufen würde. Es ist nicht selbstverständlich, dass Menschen sich im Dienst an anderen einsetzen: Das gilt nicht nur für die Pflegeberufe und Ärzte, die in der Zeit der Krise oft Übermenschliches geleistet haben, es gilt beispielsweise auch für die Hotelangestellten oder für die Kellnerinnen und Kellner in Restaurants. Die Haltung der Dankbarkeit wirkt sich auch auf uns selber positiv aus: Wer dankbar ist, ist ein angenehmer Mensch. Undankbare Menschen sind immer unangenehm. Mit ihnen möchte man lieber nichts zu tun haben. Die Dankbarkeit schafft gute Beziehungen. Es liegt auch künftig an uns, ob wir uns als angenehme oder als unangenehme Zeitgenossen präsentieren. Und wir können damit etwas dazu tun, dass sich das soziale Klima zwischen den Menschen zum Guten entwickelt.

Für den römischen Philosophen Cicero gehört Dankbarkeit zum Wesen des Menschen und der Menschlichkeit. Der undankbare Mensch vergisst, dass er Mensch ist, Geschöpf und nicht Schöpfer seiner selbst. Der dankbare Mensch ist demütig, weil er weiß, dass er nichts sich selber verdankt. Die deutsche Sprache sieht einen Zusammenhang zwischen Danken und Denken. Ein undankbarer Mensch denkt nicht richtig über sein Leben nach.

Aber können wir für alles dankbar sein? Können wir für eine Krise dankbar sein, durch die so viel Leid entstanden ist? Natürlich nicht, das wäre pervers. Dankbarkeit macht uns aber aufmerksam für die Erfahrungen, die wir selbst mit der Krise gemacht haben, für die Solidarität, die aufgebrochen ist, für die Zeit, die uns auf einmal geschenkt wurde, für die Entschleunigung und für eine neue Offenheit für die Schönheit der Natur. Und für all das, was wir oft wie selbstverständlich angenommen haben: unsere Gesundheit beispielsweise oder eine gute Versorgung mit Lebensmitteln. Dankbarkeit schärft die Wahrnehmung.

> Dankbarkeit macht neu auf scheinbar Selbstverständliches aufmerksam: unsere Gesundheit zum Beispiel.

Und wir können nach der Krise dankbar sein für das, was wir gelernt haben, dafür, dass wir die Krise durchgestanden haben, und auch für die positiven Erfahrungen, die wir bei allen Widrigkeiten auch machen durften. Die Erinnerung daran stärkt uns, gibt uns Kraft und stärkt das Vertrauen, dass wir auch künftige Herausforderungen bestehen können.

In der Krise waren wir dankbar für die Ärzte und Pfleger, für die Krankenschwestern und all die vielfältigen Hilfsdienste, die das Leben ermöglicht haben – und auch für alle, die dafür gesorgt haben, dass die Epidemie sich nicht noch mehr ausbreitet. Wichtig wäre, dass diese Dankbarkeit auch nach der Krise nicht wieder verschwindet. Das schließt durchaus den Gerechtigkeitsaspekt mit ein, etwa im Sinne einer angemesseneren Bezahlung für die Menschen in der Pflege.

Dankbarkeit sollte überhaupt zu einer Haltung werden, mit der wir einander im Alltag begegnen. Wenn ich der Krankenschwester danke, die so viel Geduld mit mir hat, tut es ihr gut. Und es schafft eine gute Beziehung. Wenn ich der Frau an der Kasse des Supermarktes danke, dass sie so freundlich ist, dann hellt das ihre Stimmung auf, weil sie sich wahrgenommen fühlt. Wir können durch Dankbarkeit nicht nur ein gutes Klima um uns herum schaffen,

>Ich bin nicht dankbar, weil ich glücklich bin, sondern ich bin glücklich, weil ich dankbar bin.«

sondern auch gute Beziehungen und ein anderes soziales Klima aufbauen. Wir machen durch unsere Dankbarkeit andere glücklich und tun uns selber Gutes. In der Resonanz, die wir daraufhin spüren, empfinden wir selber Glück. Dankbarkeit kostet kein Geld. Aber sie braucht Achtsamkeit und Offenheit für den anderen sowie die Bereitschaft, seine Dienste nicht als selbstverständlich anzusehen. Dann fördert sie eine gute Gemeinschaft. Sie bringt uns in Einklang mit den anderen – und mit uns selber.

Das gilt auch für Zeiten der Krise. Albert Schweitzer meint einmal, wenn es uns schlecht gehe, sollten wir etwas suchen, wofür wir dankbar sein könnten. Das würde unsere schlechte Stimmung vertreiben. Dankbarkeit schafft ein Gegengewicht, sie verwandelt unsere eigene Gefühlswelt, sie erfüllt uns mit guten Gefühlen, mit Gefühlen von Zufriedenheit und auch Glück. Das drückt der Satz aus: »Ich bin nicht dankbar, weil ich glücklich bin, sondern ich bin glücklich, weil ich dankbar bin.«

In lebendiger Beziehung
mit mir selbst

Alleinsein lernen, Einsamkeit verwandeln

Eine der eindrucksvollsten Geschichten erzwungenen Alleinseins kennen wir von Nelson Mandela, der 26 Jahre in Kerkerhaft war, weggeschlossen von der Gesellschaft, davon 18 Jahre auf der Gefangeneninsel in Robben Island in einer Zelle, die 2,4 mal 2,1 Meter maß: eine der schlimmsten Formen der Einsamkeit. In dieser räumlichen Beschränkung auf fünf Quadratmeter seiner Zelle schrieb er an seine Frau Winnie Mandela in einem Brief: »Immer wenn ich dir schreibe, vergesse ich alle meine Probleme: Dann bin ich erfüllt von Liebe.« Das ist eine Extremerfahrung, die zeigt, was innere Größe, was Weite des Herzens ist – und dass man auch noch in einer solch eingeengten Situation Einsamkeit überwinden oder verwandeln kann.

Nicht jeder ist fähig, die aufgezwungene Einsamkeit so gut zu verkraften wie Nelson Mandela. Gerade alte und sterbende Menschen erleben ihre Einsamkeit als fremdbestimmt und schmerzlich. Und sie können ihrer Einsamkeit nicht so leicht einen Sinn abgewinnen. Sie leiden einfach darunter. Telefongespräche sind sicher kein Ersatz für körperliche Nähe. Manchmal trauen sich die Angehörigen gar nicht anzurufen, weil sie selbst hilflos sind und nicht wissen, was sie den alten Menschen sagen können. Und manche andere meinen, sie müssten sich partout zwingen, tröstende Worte zu sagen. Das braucht aber gar nicht zu sein. Es genügt oft auch, die alten Menschen sprechen zu lassen und mit meinen Fragen meine Anteilnahme an ihrem Geschick auszudrücken.

Alleinsein und Einsamkeit gehören aber grundsätzlich zu jedem Menschen. Hermann Hesse hat das in seinen berühmten Versen zum Ausdruck gebracht: »Leben ist Einsamsein. / Kein Mensch kennt den andern, / Jeder ist allein.« Es gehört zum Wesen des Menschen, dass es Bereiche in ihm gibt, zu dem niemand Zutritt hat. Der Philosoph Odo Marquard spricht von der Einsamkeitsfähigkeit, die ein reifer Mensch besitzen sollte: »Die eigentliche Malaise unserer Zeit ist nicht die Einsamkeit selber, sondern der Mangel an Einsamkeitsfähigkeit. Entscheidend wichtig ist darum die Kultur der Einsamkeitsfähigkeit.« Wer allein sein kann, der geht den Weg nach innen. Aber zugleich kann er offen werden für Transzendenz. Das hat auch der Philosoph Friedrich Nietzsche so gesehen, wenn er schreibt. »Wer die letzte Einsamkeit kennt, kennt die letzten Dinge.« Einsamkeit ist so der Schlüssel zu tieferer Erkenntnis, letztlich auch zur Erkenntnis Gottes. In der Einsamkeit kann ich spüren, dass ich letztlich nicht allein bin, sondern dass ich umgeben bin von Gottes liebender Gegenwart.

Einsamkeit kann der Schlüssel zu tieferer Erkenntnis werden.

Der Psychologe Peter Schellenbaum meint, die Kunst, in guter Weise allein sein zu können, bestehe darin, das Alleinsein in ein All-eins-Sein zu verwandeln. Wenn ich allein bin, spüre ich manchmal eine Traurigkeit. Aber dann geht es darum, durch diese Traurigkeit hindurchzugehen in den Grund meiner Seele. Und dort kann ich erahnen, dass ich eins bin mit allen Menschen, gerade auch mit all den einsamen und vereinsamten Menschen. Und auf dem Grund der Seele bin ich eins mit der ganzen Schöpfung. Dann fühle ich mich als Teil der Schöpfung. Ich fühle mich zugehörig, nicht alleingelassen. Das Ziel dieser Erfahrung ist, mich eins zu fühlen mit mir selbst und eins zu sein mit Gott. Dann wird das Alleinsein zu einer spirituellen und beglückenden Erfahrung. Der große Mystiker Meister Eckhart hat das so gesagt: »Wer unbetrübt und heiter sein will, der muss eines besitzen, die Einsamkeit des Herzens.«

Auch die frühen Mönche im 4. Jahrhundert haben das, was Schellenbaum psychologisch beschreibt, auf ähnliche Weise erfahren. Die Mönche haben ja ihren Namen von dem griechischen Wort »monachos«, das »allein lebend« bedeutet. Manche leiten das Wort auch von »monas« = »Einheit« her. Mönch ist einer, der mit sich selbst eins ist. Evagrius Ponticus, der bedeutende Mönchsschriftsteller (345–399), beschreibt den Mönch so: »Ein Mönch ist ein Mensch, der sich von allem getrennt hat und sich doch mit allem verbunden fühlt. Ein Mönch weiß sich eins mit allen Menschen, denn immerzu findet er sich in jedem Menschen.« Die Einheit mit allen Menschen entspricht nach Evagrius der Erfahrung, dass ich mich in jedem Menschen finde. Je tiefer ich mich in das Geheimnis meiner eigenen Person hineinmeditiere, desto tiefer spüre ich: Das, was in mir ist, ist in jedem Menschen. Und umgekehrt: Das, was in allen Menschen ist, das ist auch in mir. In der Tiefe sind wir miteinander verbunden.

Wahrhaftigkeit als Weg

Die Quarantäne, die wir in den Zeiten der sozialen Einschränkungen durch die Pandemie erlebten, hat viele von uns gezwungen, sich selbst einmal auszuhalten. Für die Mönche ist dieses Aushalten seiner selbst ein wichtiger spiritueller Weg. Manche junge Mönche haben in der Wüste die Einsamkeit nicht ausgehalten. Sie wollten hinaus aus der Beschränkung ihrer Zelle und etwas Sinnvolles tun, den Armen helfen oder bei der Ernte mithelfen. Das waren sicher gute Beweggründe. Doch manch ein erfahrener Altvater erkannte, dass die Aktivität auch eine Flucht vor einem selbst sein kann. Und so geben sie oft den Rat, es bei sich selbst auszuhalten, also nicht aus der eigenen Zelle zu gehen. Die Mönche versprechen sich von dieser Übung, dass wir unserer eigenen Wahrheit begegnen und lernen, uns selber auszuhalten mit allem, was in uns auftaucht an Emotionen, Bedürfnissen und Leidenschaften.

Wir können diese Wahrheit aber nur aushalten, wenn wir sie nicht bewerten, sondern vertrauen: Alles darf sein. Mit allem, was da in uns auftaucht, sind wir von Gott bedingungslos angenommen. Damit gewinnt auch das Jesus-Wort eine neue Bedeutung: »Die Wahrheit wird euch

Wir sollen uns unserer inneren Wahrheit stellen. Wir können sie aushalten, wenn wir vertrauen: Alles darf sein.

befreien« (Joh 8,32). Wer seiner Wahrheit aus dem Weg geht, der steht unter dem Zwang, der Stille auszuweichen. Er kann sich selbst nicht aushalten. Aber das wird anstrengend, wenn ich ständig vor mir selbst davonlaufen muss. Wenn ich meine eigene Wahrheit annehmen kann, dann fühle ich mich frei. Dann stehe ich auch nicht unter Druck, dem anderen etwas vormachen zu müssen. Ich bin auch wahrhaftig dem anderen gegenüber. Wahr heißt von der Wortwurzel her: vertrauenswürdig. Und es hat mit Gunst und Freundlichkeit zu tun. Es hängt zusammen mit dem Wort »gewähren« = »bewilligen«, »erlauben«. Wahrhaftig ist jemand, der sich und anderen die Freundlichkeit gewährt, so sein zu dürfen, wie er ist. Er stellt keine Forderungen an den anderen. Er nimmt ihn an, wie er ist. Und er nimmt sich an, wie er ist. Wenn wir uns gegenseitig die Gunst gewähren, wahr zu sein, die eigene Wahrheit leben zu dürfen, dann entsteht in uns das Gefühl von Freiheit. Wir fühlen uns frei. Wir müssen uns nicht verstecken, nicht hinter einer Fassade verbergen. Und auch in unserem Miteinander entsteht Freiheit. Wir sind frei, uns so zu lassen, wie wir sind. Wir bewerten auch den anderen nicht, sondern schauen voller Freundlichkeit auf seine Wahrheit.

Wahrhaftig ist der, an dem die Wahrheit haftet, der gleichsam mit der Wahrheit zusammengewachsen ist. Er kann gar nicht anders, als wahr zu sein, sich selbst und anderen gegenüber. Er zeigt sich dem anderen so, wie er ist. Allerdings bedeutet wahrhaftig sein nicht, dass ich jedem, dem ich begegne, meine ganze Wahrheit zeige. Die Wahrheit braucht auch Schutz, vor allem Schutz vor Menschen, die meine Wahrheit dazu benutzen möchten, meine Schwächen in die Öffentlichkeit zu zerren. In einer guten Begegnung kann ich wahrhaftig sein. Bei Menschen, die darauf aus sind, neugierig die Schwächen anderer zu verbreiten, darf ich mich auch schützen. Wahrhaftig sein heißt: dass ich nicht lüge, dass ich nichts Falsches zeige. Aber ich muss nicht immer meine ganze Wahrheit zeigen.

Romano Guardini spricht von der Wahrheit der Dinge. Der Mensch hat die Fähigkeit, die Wahrheit zu erkennen und sie auch mit Worten dem anderen mitzuteilen. In einem Vortrag, den er am 7. Juli 1945, unmittelbar nach dem Krieg, vor Jugendlichen gehalten hat, sagt er: »Wenn zwei Menschen aufrichtig miteinander reden, wächst in ihrem Gespräch das Licht der Wahrheit, und in diesem Licht haben sie Gemeinschaft« (Guardini 47). Guardini weist dann darauf hin, wie sehr die Wahrheit durch die Lüge verfälscht wird, und zwar nicht nur durch einzelne Lügen, sondern – wie es im Dritten Reich war – »die Lüge überall«. »Das Schlimmste aber war, dass die Unwahrheit weithin zur selbstverständlichen Haltung geworden ist« (50). Das gilt ähnlich auch für die heutige Zeit, in der »Fake News« zur Mode geworden sind. Für Guardini wird der Mensch »im Geiste krank, wenn er von der Wahrheit abfällt« (51).

> Gerade im Umgang mit der Wahrheit braucht es auch die Ehrfurcht. Sie schafft einen freien Raum der Würde.

Guardini spricht noch von einer anderen Tugend, die gleichsam die Wächterin für die Wahrheit ist: Es ist die Ehrfurcht. Gerade im Umgang mit der Wahrheit braucht es die Ehrfurcht. Die Ehrfurcht schafft einen freien Raum für den

Menschen, in dem seine Person mit ihrer Würde und Schönheit aufscheinen kann. Ehrfurcht bewahrt den Menschen davor, zum Wahrheitsfanatiker zu werden. Der Fanatiker muss die ganze Wahrheit des anderen herausfinden. Und er meint, er sei nur wahrhaftig, wenn er dem anderen immer die ganze Wahrheit sagt.

Man kann dem anderen die Wahrheit auch um die Ohren schlagen. Oder aber das Verhältnis zum anderen ist davon bestimmt, dass wir uns gemeinsam meine eigene und seine Wahrheit anschauen. Der Zwang zur Wahrheit macht letztlich nicht frei, sondern wird zu der Tyrannei, alles erfahren zu müssen. Die Ehrfurcht dagegen kann wirken wie ein Schutzmantel, der sich um uns und den anderen legt. Und nur in diesem Raum von Schutz und wahrer Freiheit können wir die eigene und fremde Wahrheit betrachten und in ihrer Schönheit anschauen.

Mit sich versöhnt und in Frieden

Das deutsche Wort »versöhnen« kommt ursprünglich von »versühnen«. Der Duden meint, dass das Wort ursprünglich von der Grundbedeutung »still machen«, »beschwichtigen«, »beruhigen« ausgeht. In der Bibel übersetzen wir mit »Versöhnung« das griechische Wort »katallage«. Es heißt ursprünglich: »vertauschen, verändern, anders machen, davon abgeleitet: einen unseligen Zustand zum Besseren hin ändern, Feindschaft gegen Freundschaft austauschen, Krieg durch Frieden ersetzen« (Klauck).

Versöhntsein ist eine wichtige Qualität guten Lebens. Es bedeutet aber nicht nur, in Frieden mit anderen zu leben, sondern auch mit sich selber. Auch das ist eine fortwährende Aufgabe: Konflikte berühren uns, wir erleiden Verletzungen oder sind in Gefahr, andere zu verletzen, und all das hat Auswirkungen auf uns. Je mehr wir mit uns selbst versöhnt sind, desto mehr dürfen wir hoffen, dass auch die Versöhnung mit anderen Menschen möglich wird. Das lateinische Wort für Versöhnung ist »reconciliatio«. Es bedeutet »Wiederherstellung«. Und es meint oft: die Freundschaft wiederherstellen, das Getrennte wieder vereinigen. Und es kann auch bedeuten: wieder gesund machen.

> Je mehr wir mit uns versöhnt sind, desto mehr dürfen wir hoffen, dass auch die Versöhnung mit anderen möglich wird.

Wenn wir all diese Bedeutungen im Hinblick auf das Thema »Versöhnung mit sich selbst und mit anderen« bedenken, dann heißt Versöhnung mit mir selbst: Ich stelle die Einheit mit mir selbst wieder her. Die Versöhnung geht von einem Zustand aus, bei dem in mir etwas getrennt ist, bei dem es in mir einen Spalt gibt. Ich habe etwas abgespalten. Ich habe das abgespalten, was ich nicht gerne anschauen möchte, weil es mir unangenehm ist. Das kann eine nicht so glückliche Kindheit sein. Das können alte Verletzungen sein. Versöhnen bedeutet dann, dass ich all das anschaue und gleichsam umarme. Es gehört auch zu mir. Ich nehme es in die Einheit mit mir hinein. Das führt dann – so wie es die lateinische Bedeutung meint – zur inneren Gesundheit. Oder wenn ich auf das griechische Wort schaue, dann stelle ich mir vor: Ich vertausche den Zustand der Zerrissenheit mit dem Zustand des

Einsseins. Dadurch verbessere ich meinen inneren Zustand. Und ich tausche die Feindschaft mit mir selbst aus gegen die Freundschaft mit allem, was in mir ist. Ich gehe freundlich mit mir um. Ich habe mir sagen lassen, dass das niederländische Wort für Versöhnung, »zoen«, auch »Kuss« bedeuten kann: Ich küsse gleichsam alles, was in mir ist. Mit allem gehe ich zärtlich um. Es darf sein. Das, was ich in mir und an mir auf diese Weise annehme, das verliert seine spaltende Kraft. Es gehört zu mir. Ich fühle mich eins mit mir selbst.

Zur Versöhnung mit mir selbst gehört auch, dass ich mich innerlich damit versöhne, dass ich von anderen verletzt worden bin. Das heißt noch nicht, dass ich mit denen versöhnt bin, die mich verletzt haben. Ich bin nur mit meinem eigenen Schicksal versöhnt. Wie die Beziehung zu anderen aussieht, ist ein anderes Thema, das sicher nicht immer leicht zu lösen ist.

Versöhnung mit mir selbst bezieht sich auf viele Bereiche meines Lebens. Da geht es einmal darum, mich mit meiner Lebensgeschichte auszusöhnen. Viele Menschen sind voller Bitterkeit, weil ihre Lebensgeschichte nicht so gelaufen ist, wie sie sich das gewünscht hätten. Doch die Vergangenheit kann ich nicht ändern. Ich kann dagegen rebellieren. Wenn es mir aber gelingt, mich damit anzufreunden, wird sich die Vergangenheit für mich verwandeln. Sie ist dann nicht mehr die dunkle Zeit, an die ich nicht mehr denken möchte, sondern sie wird meine eigene Zeit. Ich kann dann dankbar dafür sein, dass ich auch die schwierigen Situationen durchgestanden habe und jetzt der oder die geworden bin, der oder die ich jetzt bin.

Versöhnung mit mir selbst heißt dann auch, mich mit meinem Leib auszusöhnen: einmal mit meiner Gestalt, die vielleicht nicht dem Idealbild heutiger Mode entspricht, und zum anderen damit, dass mein Leib nicht so stark ist, wie ich das gern hätte, und dass er immer wieder von Krankheiten heimgesucht wird. Hildegard von Bingen meint, wir sollten mit dem Leib so umgehen, dass unsere Seele gerne darin wohnt. Und Versöhnung mit mir selbst bedeutet: mich aussöhnen mit meiner Schuld und meinen Schuldgefühlen. Ob wir wollen oder nicht, wir geraten immer wieder in Schuld. Wir können uns dann mit Selbstvorwürfen zerfleischen, oder wir können die Schuld verdrängen. Beides hilft nicht weiter. Es geht darum, die Schuld anzuschauen, sie Gott hinzuhalten und zu vertrauen, dass er mir meine Schuld vergibt, dass er mich mit meiner Schuld annimmt. Aber dann braucht es auch die Antwort auf Gottes Vergebung: dass ich mir selbst vergebe.

> Wir geraten immer wieder in Schuld. Selbstvorwürfe oder Verdrängung helfen nicht weiter.

Mut und Kraft der Demut

Eine Situation, die wir nicht vorausgesehen haben, kann auch unsere Schwächen aufdecken – im Verhalten, in unserer Selbstgewissheit, in der Fähigkeit zuzuhören; da können Lücken unseres Wissens deutlich werden – oder auch Defizite in der Lebensführung. Oder es kann sich zeigen, dass wir machtlos sind, also nichts tun können, um etwas zu ändern. Eine solche Erfahrung lehrt uns Demut. Das spüren wir aber nicht nur in Krisen: Je näher wir mit anderen Menschen zusammenleben, desto deutlicher werden uns die eigenen Schwächen bewusst. Wir spüren immer wieder, dass wir nicht immer ganz ehrlich sind, dass wir feige manchem Konflikt ausweichen. Oder wir erkennen unsere Empfindlichkeit, unsere Eifersucht, unseren Neid. Sich dieser Schwächen bewusst zu werden, führt in die Demut. Nicht umsonst hat der hl. Benedikt die Demut als die wichtigste Tugend für die Mönche genannt. Die Demut ist nicht nur in Beziehung zu Gott wichtig, sondern auch in Bezug auf die Mitmenschen. Vor Gott demütig zu sein bedeutet, den Mut zu haben, hinabzusteigen in die Tiefen meiner Seele, in das, was C. G. Jung den »Schatten« genannt hat. Und Demut vor Gott heißt: vor Gott sich einzugestehen, dass ich in mir nicht nur fromme, sondern auch ganz weltliche Seiten habe, dass ich in mir auch Oberflächlichkeit und Widerstand gegen das Geistliche kenne. Demut vor den Menschen bedeutet: Ich urteile nicht über andere. Alles, was ich beim anderen verurteilen möchte, sehe ich als Spiegel an, in dem ich mich selbst erkenne. Dann werde ich entdecken, dass ich zu all dem, was ich bei anderen negativ bewerte, auch fähig wäre, wenn ich in anderen Verhältnissen leben würde oder wenn ich in eine ähnliche Situation gekommen wäre.

Diese Demut führt dann auch dazu, dass ich mit den Schwächen anderer wohlwollend umgehe. Denn ich erkenne mich im anderen wieder und weiß, dass er ja an seinen Schwächen leidet. Keiner hat aus Lust Schwächen. Oft ist eine innere Not die Ursache solcher Schwächen. Eine Last,

> Nicht umsonst hat Benedikt die Demut zu einer wichtigen Tugend erklärt.

an der der andere schwer zu tragen hat, soll ich durch meine Verurteilung nicht noch stärker werden lassen. Paulus fordert uns im Galaterbrief auf: »Einer trage des anderen Last; so werdet ihr das Gesetz Christi erfüllen« (Gal 6,2). Die Schwächen des anderen zu ertragen bedeutet also, das Gesetz Christi zu erfüllen. Jesus hat nicht, wie die Pharisäer, den Menschen Lasten aufgebürdet, er hat ihnen vielmehr Lasten abgenommen, etwa die Last des eigenen Schuldgefühls, die Last übertriebener Ansprüche und Forderungen.

Der hl. Benedikt mahnt seine Mönche ebenfalls dazu, das Gesetz Christi zu erfüllen. Im 72. Kapitel seiner Regel, in dem Benedikt die wichtigsten Mahnungen für ein gutes Miteinander zusammenfasst, heißt es: »Die Brüder sollen einander in gegenseitiger Achtung zuvorkommen, ihre körperlichen und charakterlichen Schwächen sollen sie mit unerschöpflicher Geduld ertragen« (RB 72,4f). Ein Miteinander in der Gemeinschaft ist offensichtlich nur möglich, wenn wir bereit sind, nicht nur die körperlichen Schwächen der anderen zu ertragen, sondern auch ihre charakterlichen Schwächen. In der Gemeinschaft kann man sich ständig über Mitbrüder aufregen. Der eine hat keine Manieren beim Essen, der andere hustet ständig, der andere schnäuzt sich zu laut. Natürlich gibt es dabei Grenzen. Und manchmal kann man den Mitbruder auch aufmerksam machen auf Schwächen, die den anderen auf die Nerven gehen. Aber ich sollte darauf achten: Kann er die Schwäche wirklich abstellen? Oder kann er gar nichts dagegen tun? Leidet er selbst an seiner Schwäche? Manche Schwächen sind auch nur schlechte Gewohnheiten. Dann gilt das, was in der Mönchstradition »correctio fraterna« (»brüderliche Zurechtweisung«) heißt. Man sollte den anderen darauf aufmerksam machen, dass mich sein Verhalten stört. Aber dieses Aufmerksam-Machen soll in aller Demut geschehen. Ich soll mich nicht über ihn stellen, sondern ihn verstehen und zu ihm stehen. Und es soll in Liebe geschehen. Ich mache den anderen darauf aufmerksam, weil er gar nicht merkt, dass er dadurch bei vielen aneckt. Ich möchte ihm also helfen, dass er bei den anderen besser ankommt. Er soll sich nicht anpassen und verbiegen, sondern nur spüren: Wo kann ich achtsamer mit mir und mit den anderen umgehen?

Benedikt verlangt vom Abt, dass er so mit den Schwachen umgeht, dass niemand entmutigt wird. Wir sind oft in Gefahr, dem Schwachen unsere innere Verachtung zu zeigen. Wir reden vielleicht gar nicht über ihn. Aber er merkt es daran, wie wir ihm begegnen. Wir begegnen ihm doch oft mit einer Haltung, bei der wir uns für besser und disziplinierter halten und innerlich auf den Schwachen herabschauen. Evagrius Ponticus warnt vor dem Hochmut, mit dem wir oft auf andere herabsehen. Wir sollten uns dann immer vorsagen: Es steht mir nicht zu, über den anderen zu richten. Statt über ihn zu richten, bete ich für ihn. Und ich kann mir den Vers aus 1 Kor 10,12 vorsagen: »Wer also zu stehen meint, der gebe acht, dass er nicht fällt.« Ich habe keine Garantie, dass ich nicht genauso falle wie der Bruder oder die Schwester, deren Fall ich beobachte.

Dietrich Bonhoeffer hat in der Theologengemeinschaft von Finkenwalde erfahren, dass das Ertragen der Schwa-

> Die Schwachen erinnern uns an die eigenen Schwächen, damit wir uns nicht über andere erheben.

chen wesentlich ist für das Gelingen einer Gemeinschaft. Er schreibt über gemeinsames Leben: »Jede christliche Gemeinschaft muss wissen, dass nicht nur die Schwachen die Starken brauchen, sondern dass auch die Starken nicht ohne die Schwachen sein können. Die Ausschaltung der Schwachen ist der Tod der Gemeinschaft« (Bonhoeffer 80). Wir denken oft, ohne die Schwächen der Mitmenschen wäre das Leben leichter. Aber wenn wir die Schwachen ablehnen, leben wir ständig in der Angst, irgendwann selbst zu den Schwachen zu gehören. Und die Schwachen erinnern uns an die eigenen Schwächen, damit wir uns nicht über andere erheben, sondern dankbar sind, dass Gott uns bisher gehalten und uns vor dem Sturz bewahrt hat.

Festigkeit in Zeiten von Instabilität

Heute ist Mobilität gefragt. Wir jetten um die Welt. Wir schauen im Internet ständig nach den neuesten Nachrichten oder danach, was unsere Freunde gerade tun. Dieses Phänomen mag in der beschriebenen Form modern sein, ganz neu ist es nicht. Mobilität gab es schon zu Zeiten des hl. Benedikt. In seiner Regel spricht er sehr kritisch von den sogenannten Gyrovagen. Das waren Mönche, die ständig herumwanderten. Benedikt sagt von ihnen: »Ihr Leben lang ziehen sie landauf landab und lassen sich für drei oder vier Tage in verschiedenen Klöstern beherbergen. Immer unterwegs, nie beständig, sind sie Sklaven der Launen

In den Turbulenzen unseres Lebens können Erfahrungen der Mönche hilfreich sein.

ihres Eigenwillens und der Gelüste ihres Gaumens« (RB 1,10f). Vor Benedikt gab es Mönche, die gerade um des Glaubens willen umherzogen. Diese Wandermönche ließen sich nirgends nieder, um so Christus nachzuahmen, der von sich sagt: »Der Menschensohn hat keinen Ort, wo er sein Haupt niederlegen kann« (Lk 9,58). Manche Wandermönche haben es sicher zu spiritueller Freiheit gebracht. Heute ist ja das Pilgern auch wieder modern geworden. Und viele Pilger machen da wichtige spirituelle Erfahrungen von innerer Freiheit und von einer besonderen Nähe Gottes.

Doch offensichtlich kann dieses ständige Umherschweifen dem Mönch auch die innere Dynamik rauben. Benedikt hat jedenfalls mit den Gyrovagen negative Erfahrungen gemacht. Er sah in dem ständigen Umherschweifen die Gefahr, den klaren Willen zum geistlichen Fortschritt aufzugeben. Er setzt gegenüber dem Unterwegssein die Beständigkeit, die »stabilitas loci«: Die Mönche sollten an einem Ort bleiben und sich dort einwurzeln. Nur dann werde ihr Baum Früchte tragen. Benedikt verstand aber die »stabilitas« nicht nur vom Ort her, sondern auch von einer inneren Haltung her: die Beständigkeit im Ringen um ein authentisches Mönchsleben, das »Dranbleiben« in der Suche nach Gott, die ehrliche Konfrontation mit sich

Vom grundsätzlichen Wert des »Dranbleibens«.

selbst. Die Mönche sagen: Wenn jemand in eine Krise gerät oder in eine Bedrängnis, dann soll er es bei sich selbst aushalten. »Läufst du weg, werden die Schwierigkeiten, denen du entfliehen wolltest, vor dir hereilen, wohin du auch kommst« (Holzherr 129).

Wir können in unserer Gesellschaft die »stabilitas« der benediktinischen Mönche nicht kopieren. Unser Leben ist einfach in Bewegung. Aber mitten in den Turbulenzen unseres Lebens täte ein Blick auf die Erfahrungen gut, welche die Mönche mit der stabilitas gemacht haben. Da ist einmal die Festigkeit, sich selbst auszuhalten, anstatt ständig auf der Flucht vor sich selbst zu sein. Joggen etwa kann sehr gut und gesund sein. Aber ich kenne auch Menschen, die das Joggen nicht zu einer Meditation machen, sondern dabei vor sich selbst und ihren Problemen davonlaufen. Es ist beides hilfreich: Nach Kierkegaard kann man sich von Kummer freilaufen. Aber man kann eben auch vor sich selbst davonlaufen.

Die Mönche haben die Übung, im Kellion, in ihrer Klosterzelle, zu bleiben. Gerade dann, wenn sie sich selbst kaum aushalten können, weil sie voller Unlust und innerem Widerstand gegen das Leben sind, sollten sie nicht aus ihrem Kellion herausgehen, sondern sich selbst mit dem inneren Chaos aushalten. Gerade dann können sie durch das Chaos der Gefühle und Gedanken hindurch in den Grund ihrer Seele kommen und dort einen Ort der Ruhe in sich entdecken.

»Stabilitas« als innere Haltung ist heute neu gefragt, nicht erst seitdem durch die Krise alles um uns und in unserem Leben instabil geworden ist. Das stabile Gehäuse, in dem wir uns eingerichtet haben, ist durch die Krise noch offensichtlicher weggebrochen. Die Frage ist, was uns da Halt geben kann. Eine Hilfe kann zunächst sicher die sein, sich selber auszuhalten. Indem ich mich aushalte, finde ich Halt. Und ich gebe mir selber Halt, indem ich meinem Leben eine gute Form aufpräge.

Stabilitas, Festigkeit, braucht es auch in Beziehungen. Wir können nicht ständig unsere Beziehungen wechseln. Das tut uns emotional nicht gut. Wir brauchen Verlässlichkeit in der Beziehung. Dann kann etwas zwischen uns wachsen. Natürlich gibt es auch Gründe, sich von einer Beziehung zu trennen. Aber zunächst sollten wir uns einüben in die Beständigkeit. Wenn wir bei jedem Konflikt oder bei jedem Missverständnis schon die Beziehung abbrechen, dann werden wir ständig die Beziehungen wechseln.

Das Verhältnis von Festigkeit und Beweglichkeit

Wir werden uns schwertun damit, das zu finden, was wir für unser Leben brauchen: eine gute Beziehung, auf die wir uns verlassen können. Festigkeit bedeutet aber nicht, dass wir den anderen festklammern. Eine beständige Beziehung braucht ein gutes Verhältnis von Nähe und Distanz, von Festigkeit und Freiheit, von Annehmen und Loslassen. Eine Beziehung ist etwas Lebendiges. Wir können sie nicht einbetonieren. Dann würde sie sterben. Sie braucht Beständigkeit, damit sie wachsen kann, aber wie bei zwei Bäumen auch genügend Abstand, damit jeder Baum sich entfalten kann.

In der Zeit des frühen Mönchtums wurde das Ideal des Wandermönchtuns verfälscht in ein zuchtloses Herumvagabundieren. Genauso kann natürlich auch die stabilitas zu einer inneren Erstarrung führen. Wenn man nur an alten Gewohnheiten festhält oder wenn die alten Beziehungen alle bis ans Lebensende durchgehalten werden müssen, dann wird der eigentliche Sinn der stabilitas verfehlt. Dann führt sie zur Unbeweglichkeit und Enge. So braucht es ein gutes Gleichgewicht zwischen Beweglichkeit und Beständigkeit, zwischen Mobilität und »stabilitas loci«. Gerade in einer Zeit wachsender Mobilität und zunehmender Instabilität tut es uns gut, über den Wert des »Dranbleibens« nachzudenken: Dranbleiben beim Prozess unserer Selbstwerdung, Dranbleiben bei Ritualen, die uns guttun, bei einem Beruf, der uns Erfüllung verspricht – und Dranbleiben in Beziehungen, die zum Segen werden für uns. Letztlich geht es darum, sich selbst auszuhalten und nicht vor sich selbst davonzulaufen. Wir brauchen mitten in der Mobilität unserer Tage eine innere Standfestigkeit, sonst werden wir ständig hin und her bewegt und finden doch nicht zu unserem wahren Selbst und auch nicht zu Gott, der uns in der Stille begegnen möchte: dort, wo wir »stehen bleiben«.

Den eigenen Wert erleben, nicht andere bewerten

Meine Beobachtung in der Begleitung vieler Menschen in Lebenskrisen ist: Es gibt Menschen, die ständig andere entwerten müssen. Ich erlebe das oft bei Menschen, die wenig Selbstwertgefühl haben. Und immer wieder erlebe ich auch: Wer um seinen Wert weiß, kann auch dankbar annehmen, was andere ihm geben, und profitiert davon.

Wer andere entwertet, lebt nicht frei.

Den eigenen Wert zu erleben heißt nicht, sich über andere zu stellen. Ich achte meine eigene Würde. Ich weiß um meine Fehler und Schwächen. Aber ich bin mir auch bewusst, dass ich eine unantastbare Würde habe. Ich vergleiche mich nicht mit anderen. Ich muss meinen Wert auch nicht ständig betonen. Ich ruhe in mir und bin im Einklang mit mir. Wenn ich aber Zweifel an meinem eigenen Wert habe, wenn ich mich selber immer entwerte, dann werde ich auch den Wert anderer Menschen nicht achten. Ich versuche dann irgendwelche Fehler und Schwächen beim anderen herauszufinden, um ihn entwerten zu können. Dann erzähle ich anderen Menschen davon, dass dieser Mann oder diese Frau nur eine starke Fassade habe. Dahinter sei aber viel Unsicherheit. Oder ich erfinde irgendwelche Geschichten, die den anderen in einem schlechten Licht erscheinen lassen. Wenn ich aber gegen seine starke Persönlichkeit nicht ankomme, dann versuche ich, gegen ihn zu kämpfen. Ich zettle irgendwelche Intrigen an. Oder ich erzähle ständig etwas Negatives über ihn. Statt mich über den Wert dieses Menschen zu freuen, muss ich ihn abwerten, damit ich mich über ihn stellen kann. Wenn ich mich jedoch über den Wert des anderen freuen kann, dann habe ich teil an seinem inneren Reichtum. Dann bin ich dankbar, dass ich diesen wertvollen Menschen kenne. Ich lerne von ihm. Ich werde von ihm beschenkt. Ich weiß um meinen Wert und um den Wert des anderen. Ich vergleiche uns nicht, sondern ich habe Anteil am anderen. Das bereichert mich und schafft mir innere Ruhe. Das Entwerten macht unruhig und ängstlich. Denn ich lebe dann ständig in der Angst, dass der andere doch stärker und wertvoller ist als ich selbst.

Destruktive Gefühle verwandeln

Starke Emotionen wie Ohnmachtsgefühle oder Todesangst, aber auch aggressive Impulse können immer wieder im menschlichen Leben auftauchen. Und besonders in Krisensituationen wird ihre Wahrscheinlichkeit nicht geringer. Da tauchen zudem auch viele negative Gefühle auf wie Wut, Hass oder Neid. In der Corona-Krise haben wir das Aufbrechen solch starker destruktiver Gefühle erlebt. Die eigene Unsicherheit verstärkt solche aggressiven Gefühle. Die Krise hat gezeigt, dass häusliche Gewalt vermehrt aufgetaucht ist. Die Leute fanden keinen Weg, auf konstruktive Weise mit ihren negativen Gefühlen umzugehen. Doch aggressive und destruktive Gefühle können nicht nur das Zusammenleben Einzelner, sondern auch die Atmosphäre einer Gesellschaft vergiften. Freilich haben auch die negativen Gefühle einen Sinn. Aber wir dürfen sie nicht ausleben. Sonst schaden sie uns, und wir fügen anderen Schaden zu. Es gilt daher, zuerst den Sinn dieser negativen Gefühle zu erkennen. Im Hass auf andere steckt oft der Impuls: Ich habe auch ein Recht zu leben. Ich lasse mich von den anderen nicht kaputt machen. Wenn ich meine Energie dann in den Ehrgeiz stecke, selber mein Leben zu gestalten und mir meine innere Freiheit zu schaffen, dann wird der Hass auf andere sich langsam auflösen. In der Therapie weiß man, dass im Hass oft eine verborgene Liebe steckt. Eigentlich ist man fasziniert vom anderen. Man spürt eine tiefe Liebe. Aber weil diese

> Auch die negativen Gefühle haben einen Sinn. Aber wir dürfen sie nicht ausleben. Sonst schaden sie uns und anderen.

Liebe enttäuscht worden ist, schlägt sie in Hass um. In der Therapie wird der Hass durchgearbeitet. Das dauert oft lange. Aber wenn man in den Grund des Hasses vorgedrungen ist, entdeckt man dort die enttäuschte Liebe. Und die kann dann in mir aufsteigen und mein Gefühl des Hasses verwandeln.

Ähnlich ist es mit dem Neid und den Konkurrenzimpulsen, die wir in der Gesellschaft wahrnehmen. Im Neid spüre ich, dass ich Bedürfnisse habe. Ich habe das Bedürfnis, genauso anerkannt zu sein wie dieser Mann oder diese Frau, genauso erfolgreich zu sein, genauso viel zu verdienen, mir ein genauso schönes Auto leisten zu können wie die anderen. Doch wenn ich mir vorstelle, ich hätte alles, was ich anderen neide – wäre ich dann wirklich glücklich? Ich spüre: All diese Dinge machen mich nicht glücklich. So kann der Neid die Einladung sein, das Vergleichen zu lassen und sich auf sich selbst zu konzentrieren: Ich bin ich. Und es ist gut so, wie ich bin. Ich nehme mich an mit all meinen Stärken, aber auch mit all meinen Begrenzungen. Ich schaue nicht ständig auf die anderen. Denn das Vergleichen macht einfach unzufrieden. Ich bleibe bei mir und versuche, dankbar für mein Leben zu sein.

Das Gute stärken

Es gibt Menschen, die sich nur auf das Negative fixieren. Sie schauen am Abend die Tagesschau an und haben das Gefühl: Die ganze Welt ist ein einziges Chaos. Überall gibt es nur

Gewalt und Unglück, Streit und Krieg, Krankheit und Tod. Sie können dann kaum mehr schlafen. Sie halten diese böse Welt nicht aus und sind doch auf sie fixiert.

Es sind nicht nur die Ereignisse in der großen Welt: Es gibt auch Menschen, die lassen sich in ihrem Alltag durch verletzende Worte beherrschen. Sie fühlen sich als Opfer von Menschen, die sie nicht genügend würdigen, die sie kritisieren, die ihnen feindselige Blicke zuwerfen, die sie mit Worten verletzen. Sie haben den Eindruck, diesen negativen Einflüssen von außen wehrlos ausgeliefert zu sein. Sie können sich nicht abgrenzen. Sie nehmen alles Negative aus ihrer Umgebung in sich hinein. Die Psychologie spricht hier von konfluenten Persönlichkeiten, von Menschen, die zusammenfließen mit den Emotionen um sie herum. Sie jammern oft, dass sie das negative Klima in ihrem Wohnhaus nicht aushalten können, dass sie unter den neugierigen und oftmals kontrollierenden Blicken der Nachbarn leiden. Oder aber sie halten die negative Atmosphäre in der Firma nicht mehr aus. Da haben sie den Eindruck, dass die Kollegen und Kolleginnen etwas gegen sie haben.

> Das negative Klima ist oft eine Realität. Aber wie ich darauf reagiere, ist meine freie Entscheidung.

Das negative Klima ist oft eine Realität. Aber wie ich auf diese Realität reagiere, das ist meine freie Entscheidung. Es gibt immer einen gewissen Spielraum, sich der negativen Atmosphäre zu entziehen. Ich kann sie wahrnehmen, aber ich lasse sie nicht in mich hinein. Oder ich grenze mich bewusst ab. Zum Abgrenzen brauchen wir die Aggressionskraft. Mit ihr bauen wir einen Schild um uns herum auf, damit die feindlichen

Geschosse nicht in uns eindringen können. Wenn wir so gewappnet den Menschen begegnen, die uns nicht gut gesinnt sind, dann gewinnen sie keine Macht über uns. Wir nehmen sie wahr, aber wir lassen ihre Blicke und ihre Worte nicht in uns eindringen. Wenn die anderen uns so erleben, wird es für sie irgendwann langweilig, uns zu bekämpfen. Denn sie spüren, dass ihre Methode bei uns nicht wirkt. Wir bleiben bei uns. Wir lassen uns von den anderen nicht provozieren, nicht aus unserer Mitte herauslocken.

Es gibt einen Weg, der auf den ersten Blick nach Überforderung aussieht: Jesus zeigt diesen Weg, wenn er sagt: Wir sollen die segnen (benedicere), die uns verfluchen (maledicere) (Lk 6,28). Das Segnen könnte so aussehen, dass wir uns daheim hinstellen, die Hände zum Segen erheben und uns vorstellen, dass der Segen Gottes zu dem Menschen strömt, der mich verletzt hat. Der Segen soll den Menschen umhüllen und ihn durchdringen, sodass er mit sich selbst in Frieden kommt. Eine Frau, die den, der sie verletzt hatte, auf diese Weise gesegnet hatte, erlebte den Segen wie einen Schutzschild, der sie vor der negativen Energie des anderen schützte. Und sie meinte: »Ich bin ausgestiegen aus der Opferrolle, aus meiner Passivität. Ich habe diesem Mann eine aktive Energie geschickt, den Segen Gottes, verbunden mit meinen guten Wünschen.« Das hat ihr gutgetan, und es hat dann auch die Begegnung mit diesem Menschen verwandelt. Denn wie eine Begegnung gelingt, das hängt immer von unserer inneren Einstellung ab. Wenn ich dem anderen als Opfer begegne, lade ich ihn damit ein, noch mehr auf mir herumzuhacken, mich noch mehr zu verletzen. Wenn ich aber durch den Segen selbst in meine Mitte komme und dem anderen aufrecht und zugleich mit Hoffnung begegne, wird er mir anders entgegentreten. Er wird mir gegenüber seine positiven Seiten zeigen.

Man könnte sagen: Der Segen stärkt das Gute im anderen. Und so wird die Begegnung mit ihm gut werden. Das Gute im anderen kann ich auch fördern, indem ich an das Gute in ihm glaube. Wenn ich nur auf das Negative fixiert bin, das mir im anderen entgegentritt, werde ich es dadurch verstärken. Wenn ich an das Gute im anderen glaube, dann wird er selbst an das Gute in sich glauben. Der hl. Benedikt verlangt von uns Mönchen, dass wir in jedem Bruder und in jeder Schwester Christus sehen. Das klingt etwas weltfremd. Aber es bedeutet nicht, dass wir mit einer rosaroten Brille herumlaufen und meinen, alle wären lieb und nett. Vielmehr will Benedikt damit sagen, dass wir den anderen nicht festlegen sollen auf die Fassade, die er uns zeigt, sondern dass wir hinter der Fassade, die manchmal unangenehm und abschreckend ist, den guten Kern im anderen sehen sollen. Der Glaube wirkt positiv auf den anderen. Indem wir an das Gute im anderen glauben, laden wir ihn ein, selbst an das Gute in sich zu glauben.

Ähnlich ist es mit unserer Sichtweise der großen Welt gegenüber. Wir können auf das Negative fixiert sein und dann jammern, dass es mit der Welt immer schlimmer wird. Wir können in Zeiten der Krise auf die hören, die den Weltuntergang predigen – oder wir können auch in diesen Tagen unseren Blick auf die Schönheit der Natur richten. Dann er-

> Der Weg Jesu: Segen stärkt das Gute im anderen.

leben wir die Welt anders. Die Natur spiegelt trotz aller Zerstörungsversuche des Menschen immer noch die Schönheit Gottes wider. Und wir können uns an dieser Schönheit erfreuen. Wir können aber auch die Menschen, denen wir in der U-Bahn oder in den Straßen der Städte begegnen, mit offenen Augen anschauen. Dann entdecken wir, dass in jeder Stadt viele Menschen miteinander in Frieden zusammenleben, dass sie mir meinen Freiraum gönnen, dass ich als ich selbst leben kann, trotz der großen Menge von Menschen. Und ich werde in den vielen Menschen, die ich mit

Das Gute wahrnehmen. Und selber Gutes tun.

glaubenden Augen betrachte, das Gute entdecken, die Bereitschaft, anderen zu helfen, die Bereitschaft, dem anderen sein Recht auf Leben zuzugestehen.

Eine andere Weise, das Gute zu fördern, besteht darin, selbst Gutes zu *tun*. Indem wir gut handeln, schaffen wir auch eine Wirklichkeit in dieser Welt, die man nicht übersehen kann. Das gute Handeln muss nichts Großartiges sein. Das kann schon ein freundlicher Blick für den Fahrgast sein, der mir in der U-Bahn gegenübersitzt, ein freundliches Wort der Entschuldigung, wenn ich jemanden angerempelt habe, oder meine Hilfsbereitschaft, wenn ich sehe, dass jemand seinen schweren Koffer nur mit Mühe die Treppe hinaufbringt. Alles, was wir tun und denken, wirkt sich auf die Welt aus. Ob Konkurrenzdenken oder freundlich selbstlose Zuwendung – unsere guten oder negativen Gedanken wirken bis in die Materie hinein. Wir gestalten durch unsere Gedanken und Gefühle auch die Atmosphäre einer Stadt mit. Wir haben daher Verantwortung dafür, ob wir die Atmosphäre unserer Umgebung durch hasserfüllte Gedanken vergiften oder sie durch Gedanken der Güte und Milde, der Barmherzigkeit und Liebe anfüllen und ob wir durch gute Taten das Klima der Stadt menschlicher machen.

Ich erlebe viele Menschen, die sich ohnmächtig fühlen gegenüber einer Welt, die aus den Fugen geraten ist. Doch keiner ist ganz und gar ohnmächtig. Wir alle graben unsere persönliche Lebensspur in diese Welt ein. Und diese Lebensspur prägt unsere Welt mit. Wir können daher aktiv daran mitarbeiten, dass das Gute in dieser Welt immer stärker wird. Manche meinen, nur durch ein Anklagen der Menschen, die man als böse einstuft, könne man etwas in der Welt bewirken. Aber Anklagen führen oft zur Selbstrechtfertigung der Angeklagten oder zu einer Gegenreaktion, sie haben eher Bitterkeit oder ein Sichverschließen zur Folge. Daher ist es unsere Aufgabe, täglich mit guten Gedanken und Gefühlen in die Welt zu gehen, gute Worte zu sprechen und an das Gute im Menschen zu glauben. Dann werden unsere Gedanken und Worte auch in gute Taten münden, die diese Welt verwandeln.

Wir haben in der Zeit der Krise in unserer unmittelbaren Umgebung eine Welle von Hilfeleistungen erlebt. Dafür dürfen wir dankbar sein. Aber ist das nicht gerade eine herausfordernde Erfahrung, die uns fragen lässt: Wie sähe denn eine Gesellschaft aus, in der das nicht verlorengeht? Und wie anders sähe eine Gesellschaft, wie anders sähe eine Welt aus, in der sogenannte »Gutmenschen« von sogenannt »Erfolgreichen« nicht belächelt wür-

> **Wie sähe eine Welt aus, die Güte als »Erfolg« bewerten würde?**

den, sondern wo »Erfolg« dies bedeuten würde: mehr Zuwendung, mehr Gerechtigkeit, mehr Güte, mehr Einsatz füreinander?

Offen sein und sich treu bleiben

Eine Perspektive für gutes Leben ist: Sei präsent für andere – aber ruhe in dir selbst. Es gibt Menschen, die etwas ausstrahlen, als ob sie die Kritik der anderen nichts anginge. Das prallt einfach an ihnen ab. So sehr wir einen Menschen bewundern, der in sich selber ruht, so sehr spüren wir auch, dass uns das nicht guttut, wenn dahinter nicht innere Gelassenheit, sondern unberührbare Beziehungslosigkeit steht.

Die Kunst des Lebens besteht darin, beide Pole zu verbinden: in sich selber zu ruhen und zugleich offen zu sein für den anderen. Diese Offenheit zeigt sich schon darin, dass wir auch im Gespräch mit dem anderen ganz präsent sind. Wir achten auf das, was der andere sagt, was er mit seinem Leib ausdrückt, wir nehmen seine Ausstrahlung wahr. Und wir lassen uns auf ihn ein. Wir

> Beide Pole sind wichtig: Eine Präsenz, die Menschen in der Tiefe miteinander verbinden kann.

sind für ihn da. Wir sind im Gespräch nicht abwesend. Weil wir in uns selber ruhen, achten wir nicht darauf, ob wir im Gespräch eine gute Figur machen, ob wir alles richtig sagen. Wir sind frei vom Kreisen um uns selbst. Wir sind im Einklang mit uns. So müssen wir dem anderen nicht beweisen, wie ruhig wir sind. Wir sind frei, uns ganz auf den anderen einzulassen, für ihn präsent zu sein.

Aber wie gelingt uns das? Ich kann dann in mir ruhen, wenn ich alles, was in der Ruhe in meiner Seele an Gedanken und Gefühlen hochkommt, annehme, wenn ich alles zulasse und weiß: Ich darf so sein. Ich bin mit allem, was in mir ist, von Gott angenommen. Dann bewerte ich mich selber nicht. Ich genieße es, in meiner Mitte zu sein. Und aus dieser Mitte heraus kann ich dem anderen authentisch begegnen. Ich bin frei von dem Druck, dem anderen imponieren zu müssen. Ich frage mich auch nicht, was der andere von mir denkt, wie er mich einschätzt. Ich bin frei für den anderen. Ich lasse mich auf den ihn ein. Das scheint auf den ersten Blick ein Gegensatz zum Ruhen in mir selbst zu sein. Doch wenn ich ganz bei mir bin, kann ich auch beim anderen sein. Dann berühren wir uns in unserer Mitte. Dann erzeugt das Gespräch oder die Begegnung eine neue Art von Präsenz, eine wechselseitige Präsenz, eine Präsenz, die zwei Menschen in der Tiefe miteinander verbindet.

Trotz allem: Sich etwas gönnen

Gerade in schwierigen Zeiten sollten wir uns nicht vernachlässigen, sondern uns auch etwas gönnen. Das hat schon Bernhard von Clairvaux so gesehen in seinem berühmten Brief an Papst Eugen, der sich vor lauter Sorgen um die Geschäfte der Kirche aufrieb und in Gefahr stand, bitter zu werden. Bernhard schreibt: »Bist du etwa dir selbst ein Fremder? Und bist du nicht jedem fremd, wenn du dir selber fremd bist? Ja, wer mit sich selbst schlecht umgeht, wem kann der gut sein? Denk also daran: Gönne dich dir selbst. Ich sage nicht: Tue das immer, ich sage nicht: Tue das oft, aber ich sage: Tue es immer wieder einmal. Sei wie für alle anderen auch für dich selbst da, oder jedenfalls sei es nach allen anderen.« Es geht nicht darum, jetzt nur noch für sich selbst zu sorgen. Aber wenn wir die Sorge für uns vernachlässigen, dann werden wir, wie Bernhard schreibt, in unserem Herzen hart. Wir spüren uns selbst nicht mehr. Und dann können wir auch den anderen nicht mehr spüren. So geht es immer um das rechte Gleichgewicht zwischen Sorge für sich selbst und Sorge für die anderen.

Wer sich nichts gönnt, droht innerlich hart zu werden.

Wir sollten es uns gönnen, gut mit uns selber umzugehen. Und warum sollte man sich nicht auch einmal etwas gönnen, was zwar nicht nützlich ist und keinen rein rationalen Zwecken dient, aber einfach der eigenen Schönheit und dem eigenen Wohlbefinden guttut? Zudem gilt ganz allgemein: Wer gönnend ist, mehrt nicht nur die Freude des anderen, sondern kann sich selber auch mitfreuen. Sich etwas gönnen bezieht sich aber auf ganz irdische Dinge. Ich gönne mir ein Eis, obwohl das vielleicht nicht so gesund ist. Oder beim Einkaufen gönne ich mir ein schönes Kleid oder einen guten Pullover. Askese ist gut. Es ist gut, wenn ich nicht jedes Bedürfnis sofort erfüllen muss, sondern mich auch von Bedürfnissen distanzieren kann. Aber wenn ich alle meine Bedürfnisse unterdrücke und immer ein schlechtes Gewissen habe, wenn ich mir etwas gönne, dann bin ich in Gefahr, innerlich hart zu werden. Ich kenne Menschen, die sich keinen Honig gönnen. Sie denken sofort an die Armen in Afrika, die sich keinen Honig leisten können. Natürlich ist es gut, für die Armen in Afrika zu sorgen. Doch wenn die Sorge für andere zur Verneinung des eigenen Lebens wird, nehme ich nicht nur das Gute und Schöne nicht mehr wahr, sondern ich werde den anderen auch nicht wirklich helfen. Bei meinen Besuchen in Afrika habe ich erfahren, wie gerade die Armen oft fähiger sind als wir, sich etwas Schönes zu gönnen.

Wer sich selbst nichts gönnt, der ist auch schnell dabei, andere zu verurteilen, wenn die sich etwas gönnen. Wenn ich in meinem Essen asketisch bin und auch auf meine Figur achte, dann kann es sein, dass ich den, der genussvoll isst und davon immer dicker wird, innerlich verachte und verurteile. Dann merkt man, dass meine Askese nicht nur aus Freiheit geschieht, sondern dass ich mich damit über die anderen stelle. Die Kunst besteht darin, sich das zu gönnen, was mir guttut, und zugleich auch auf die Bedürfnisse zu verzichten, die mich abhängig machen. Aber zugleich sollte ich bei aller Askese innerlich frei sein, dem anderen etwas zu gönnen. Das strahlt dann auch auf die Umgebung aus.

> Die Kunst ist, sich das zu gönnen, was mir gut tut, und auf das zu verzichten, was mich abhängig macht.

Grenzen erkennen und
sein Maß finden

Ausgrenzungen und Grenzziehungen

Grenzen schützen uns voreinander, im persönlichen Leben, aber auch im staatlichen Leben. Und Grenzen gehören zu uns, da wir von unserem Wesen als Menschen her begrenzt sind. Die eigenen Grenzen zu akzeptieren gehört daher zu einem guten Leben. Wer grenzenlose Phantasien von sich selbst hat, tut sich nichts Gutes. Und wenn wir für unseren begrenzten Planeten an ein unbegrenztes Wachstum glauben, kommen wir in Widerspruch zu dem Planeten, der unsere Lebensgrundlage ist. Wir widersprechen dann auch uns selbst. Auch wir Menschen können nicht unbegrenzt wachsen. Nur wenn wir die eigenen Grenzen, die Grenzen der Wirtschaft, der Forschung, der Natur akzeptieren, werden wir auf Dauer gut mit uns, mit den Menschen und unserer Umwelt leben können. Allerdings ist immer die Frage: Wo ziehen wir die Grenzen zu eng? Wo verweigern wir mit unserer Grenzziehung Entwicklung und Fortschritt? So gilt es, immer wie-

> Wo verweigern wir mit unserer Grenzziehung Entwicklung? Und was sind auf Dauer hilfreiche Grenzen?

der neu darum zu ringen, was auf Dauer angemessene und hilfreiche Grenzen sind.

Dass Grenzen überwunden wurden, hat gerade in Europa zu den wichtigen und beglückenden Erfahrungen einer vom Krieg und von der Feindschaft der Völker geprägten Generation gehört. Das schien aber plötzlich nicht mehr zu gelten. Es begann schon mit der sogenannten Flüchtlingskrise und verschärfte sich angesichts der drohenden Corona-Ausbreitung. »Die Grenzen existieren weiter, es geht ihnen gut«, schrieb mit deutlicher Resignation die Literaturnobelpreisträgerin Olga Tokarczuk, nachdem viele Länder Einreisesperren auch für ihre Nachbarn verhängt und die Grenzen dicht gemacht hatten (FAZ vom 31.3.2020). Was sie mit Bedauern feststellt: Alle waren in der Stunde der Gefahr wieder sich selbst die Nächsten. Benachbarte Länder haben sich gegeneinander abgeschottet. Es war klar, dass das Virus keine Grenzen kennt. Und doch hat man das Problem der Krise in den eigenen Grenzen zu lösen versucht. Unbewusst bei vielen, aber sehr stark war da die Angst, durch Menschen aus anderen Ländern werde auch die Bevölkerung im eigenen Land angesteckt. Auf einmal ist die Welt durcheinandergeraten. Die Globalisierung hatte die Grenzen geöffnet. Die Welt schien ein Dorf. Jetzt wurde diese enge Verbindung, diese in langen Jahren aufgebaute Vernetzung plötzlich problematisch. Und auf einmal entstehen neue Probleme: Man ist auf die Produkte aus anderen Ländern angewiesen, was sich auch bei Medikamenten und medizinischen Geräten zeigt. Und wie sehr man auch auf die Menschen aus den anderen Ländern angewiesen ist, das wurde auch bei Erntehelfern oder bei Pflegekräften für alte Menschen deutlich. So hat die politische Grenzziehung die ganze Wirtschaft und auch das soziale Leben durcheinandergebracht. Und sie hat viele Menschen wider ihren Willen in fremden Ländern festgehalten. Aber sie hat gerade dadurch auch klargemacht, wie sehr wir doch aufeinander angewiesen sind.

Aber nicht nur die Politiker haben Grenzen gezogen. Auch innerhalb der Gesellschaft wurden enge Grenzen gezogen, als es hieß: Man darf die Verwandten nicht besuchen, man darf kranke Eltern nicht besuchen. Diese Schutzmaßnahmen hatten den Sinn, die Ausbreitung des Virus zu verhindern. Aber die Frage ist, welche Folgen das hat für die Zeit nach der Krise. Die Gefahr besteht, dass diese Grenzziehungen weitergehen. Für manche mag es vielleicht auch bequem gewesen sein, den sterbenden Großvater nicht besuchen zu können und sich dieser schmerzhaften Erfahrung nicht aussetzen zu müssen. Doch wenn diese Distanz zum Leid anderer weitergeht, dann haben wir aus der Krise nichts gelernt. Dann würde die Gesellschaft kälter werden. »Wegsperren« – das war schon einmal eine verbreitete Reaktion, als die unbekannte Krankheit

> Ausgrenzen und Wegsperren ist keine Lösung, wenn es um menschliches Leid geht.

Aids Ängste erregte und homosexuelle Menschen als Gefährder und Risikogruppe galten. Aber das Leid verträgt keine soziale Distanzierung, damals wie heute nicht. Es braucht Mitleid und Mitfühlen sowie die Bereitschaft, das Leid des anderen zu lindern. Das gehört zur Kultur einer reifen Gesellschaft.

Die eigenen Grenzen

Grenzen haben auch etwas Positives. Sie haben mit einer Tugend zu tun, die uns vor Grenzenlosigkeit schützen kann: mit dem Maßhalten. Eine Regel für ein gutes Leben heißt also: Kenne deine Grenzen, aber lass dich nicht einengen. Gehe haushälterisch mit deinen Kräften um. Aber drück dich nicht, wenn du gebraucht wirst.

Für den hl. Benedikt ist die weise Mäßigung die Mutter aller Tugenden. So ist es wichtig, mein Maß zu finden, das Maß für meine Arbeit, das Maß aber auch in meiner Selbsteinschätzung. Es gibt Menschen, die sich permanent selbst überschätzen. Sie meinen, sie müssten immer perfekt sein, immer cool sein, immer erfolgreich sein. Doch die Seele rebelliert gegen solche Selbstbilder oft mit Depression. Die Seele zeigt uns, dass diese Selbstbilder für uns nicht stimmen. Genauso schädlich sind natürlich negative Selbstbilder, wenn wir meinen, wir seien nicht richtig, keiner könne es mit uns aushalten. Auch hier braucht es das rechte Maß.

Das rechte Maß für mich zu erkennen heißt auch, die Grenzen zu erkennen, wie weit ich etwa mit meiner Arbeit gehen kann, wie viel ich mir zumuten kann. Ich soll die Grenzen meiner Leistungsfähigkeit erkennen, aber auch die Grenzen im Umgang mit anderen Menschen. Es gibt Menschen, die grenzenlos sind, die übergriffig werden, die uns zu nahe kommen. Wir spüren, dass uns diese Nähe nicht guttut. Und wir sollen unsere Grenzen setzen, wenn Menschen zu viel von uns wollen, wenn sie

> Grenzen sind wichtig, damit ich eine gute und klare Beziehung zum andern aufbauen kann.

ständig Ansprüche und Forderungen an uns stellen. Manche tun sich schwer, Grenzen zu setzen. Sie haben Angst, Nein zu sagen. Denn dann könnten sie nicht mehr so beliebt sein. Oder sie haben Angst, den anderen durch ein Nein zu verletzen. Doch das Nein schützt meine Grenzen. Und diese Grenzen sind wichtig, damit ich eine gute und klare Beziehung zum anderen aufbauen kann.

Was meine Grenze ist, das erkenne ich oft an meinen Gefühlen. Wenn ich aggressiv werde, ist das ein Zeichen, dass jemand meine Grenze überschritten hat. Die Aggression ist die Einladung, eine klare Grenze zum anderen zu ziehen. Oder wenn ich gereizt bin oder erschöpft, dann erlebe ich, dass ich meine Grenze übersprungen habe. Und es wird Zeit, diese Grenze wieder klar zu spüren. Und wenn wir uns ausgenutzt fühlen, sollten wir auch dieses Gefühl ernst nehmen und klare Grenzen gegenüber den Wünschen anderer setzen.

In einer Firma und auch in der Klostergemeinschaft gibt es immer Menschen, die Meister sind im Setzen von Grenzen. Sie können sehr gut für sich sorgen. Aber oft setzen sie die Grenzen zu eng. Sie drücken sich dann vor anstehenden Aufgaben. Andere, die sich mit dem Grenzensetzen schwertun, werden dann immer mehr mit Arbeit zugeschüttet. Wenn jemand sich mit seinen engen Grenzen davor schützt, wichtige Aufgaben in der Firma oder der Gemeinschaft zu übernehmen, dann macht er die anderen aggressiv. Und seine Grenze ist oft Zeichen von Egoismus oder auch Faulheit. Ihn gehen die anderen gar nichts an. Hauptsache, er hat seine Grenze verteidigt. Doch oft schnei-

Wann ist Grenzziehung Zeichen von Egoismus und Faulheit?

den sich diese Menschen dann auch von der Lebendigkeit ab. Sie verweigern das Leben. Vor lauter Sich-selbst-Schützen kommen sie nicht in die Lebendigkeit und finden nicht in ihre Kraft. Sie sind dann meistens nicht sehr glücklich, sondern eher unzufrieden.

Daher braucht es immer beide Pole: Es ist wichtig, meine eigenen Grenzen zu erkennen und anderen gegenüber Grenzen zu setzen, aber auch mich einzulassen auf neue Aufgaben. Sie können mich über meine Grenze hinausführen. Dann zeigen sie mir, dass ich bisher meine Grenze zu eng gesetzt habe. Was meine wirkliche Grenze ist, das erkenne ich erst, wenn ich einmal über meine Grenze hinausgegangen bin. Dann werde ich spüren, dass in mir viel mehr Kraft und viel mehr Möglichkeiten sind, als ich mir bisher zugetraut habe. Das führt zur inneren Zufriedenheit.

Was für das individuelle Verhalten gilt, gilt auch für die internationale Gemeinschaft. Die Verbreitung eines gefährlichen und bis dato unbekannten Virus hat deutlich gemacht, dass es manchmal hilfreich ist, Grenzen zu ziehen, damit die Infektion sich nicht grenzenlos ausbreitet. Aber die Gefahr besteht darin, dass man an diesen Grenzen festhält und sich nur auf das eigene Territorium zurückzieht, ohne sich verantwortlich zu fühlen für das Ganze. Daher braucht es auch für unsere Weltgemeinschaft ein immer neues Ringen um angemessene Grenzen und zugleich die Offenheit, Grenzen immer wieder zu überspringen und sich mit den Menschen jenseits der Grenzen zu verbinden. Die Verantwortung für die Welt darf nicht an den Grenzen des eigenen Landes aufhören, sondern muss die Grenzen überschreiten.

Was Maßhalten heißt

In einer Gesellschaft, die permanentes wirtschaftliches Wachstum als Ziel hat, die an eine Dynamik des »immer schneller und immer mehr« glaubt und deren Prinzip es ist, unbegrenzt immer neue Konsumbedürfnisse zu wecken, ist es nicht einfach, sein eigenes Maß zu finden. Aber ohne Maß gibt es kein gutes Leben. Schon die Griechen rechneten das rechte Maß zu den vier Kardinaltugenden, von denen es abhängt, ob das menschliche Leben gelingt. Und auch der hl. Benedikt spricht davon, dass jeder Mönch sein eigenes Maß hat. Das gilt für das Maß beim Essen und Trinken, aber es gilt auch für das Maß an Bedürfnissen, die der Einzelne hat. Benedikt hat in seiner Regel ein eigenes Kapitel mit der Überschrift: »Ob alle im gleichen Maß das Notwendige erhalten sollen«. Darin steht: »Wer wenig braucht, danke Gott und sei nicht traurig. Wer aber mehr braucht, werde demütig wegen seiner Schwäche und nicht überheblich wegen der ihm erwiesenen Barmherzigkeit. So werden alle Glieder der Gemeinschaft im Frieden sein« (RB 34,3–5). In diesen Worten steckt eine große Weisheit. Ich soll aus meiner Bedürftigkeit keine Forderung machen, etwa wenn ich sage: »Ich brauche unbedingt dieses Kleid, sonst werde ich unglücklich. Ich brauche unbedingt ein größeres Auto. Sonst werden die Fahrten zu anstrengend.« Aber ich darf auch in aller Demut meine Wünsche einbringen, wenn ich spüre, dass es mir guttäte, mir dies oder jenes zu gönnen. Der, der weniger braucht, sollte sich freilich

> Ohne die Tugend des Maßes gibt es kein gutes Leben. Aber es gibt kein einheitliches Maß.

nicht über den anderen erheben oder ihn abwerten: »Der hat keine Disziplin. Der isst sich noch zu Tode. Wenn er so weitermacht, wird er krank.« Er könnte doch einfach auch nur dankbar sein, dass er selber mit weniger zufrieden ist. Und wenn jemand sich selber nichts gönnt und sich dabei unglücklich fühlt, ist er innerlich nicht frei, sondern hängt letztlich an seinen Bedürfnissen, auch wenn er sich verboten hat, sie sich zu erfüllen.

Es braucht ein gutes Gespür für die eigene Seele. Wenn ich mein Bedürfnis spüre, soll ich gut in mich hineinhören: Tut es mir gut, mir das Bedürfnis zu erfüllen, mir ein gutes Essen und einen guten Wein zu gönnen, mir dieses schöne Kleid zu kaufen oder ein Auto, das mir auch beim Fahren Spaß macht? Oder werde ich abhängig von meinen Bedürfnissen? Stehe ich unter Zwang, mir das Bedürfnis zu erfüllen? Brauche ich etwas wirklich, oder möchte ich nur mit anderen gleichziehen, sie vielleicht sogar übertrumpfen? Sage ich Nein zur Erfüllung meiner Bedürfnisse, weil ich geizig und kleinkariert bin, weil ich lieber am Geld hänge, als mir einen Genuss zu gönnen? Oder sage ich Nein aus der inneren Freiheit heraus, die mich dann aber zur Zufriedenheit führt und zur Dankbarkeit für das, was ich habe, was ich gerade erlebe?

Manchmal tut es dem, der allzu bescheiden lebt, einfach gut, sich auch etwas zu gönnen, was nicht unbedingt notwendig wäre. Denn vielleicht steht er bisher zu sehr unter dem Zwang, immer sparsam sein zu müssen und nie etwas Überflüssiges zu kaufen. Oder aber mir tut es gut, auf dieses

> Die eigene Seele spürt es: Es gibt Kriterien für das »rechte Maß«.

Bedürfnis zu verzichten. Es tut mir aber nur gut, wenn der Verzicht nicht Ausdruck von Lebensverneinung ist, sondern Ausdruck meiner inneren Freiheit und Zufriedenheit. Dann soll ich mir gönnen, die innere Freiheit zu genießen oder einfach den Augenblick zu genießen, in dem ich jetzt ganz bei mir und in mir bin.

So kommt es darauf an, dass jeder für sich immer die beiden Pole spürt: das rechte Maß und die Lust, das normale Maß auch einmal zu überschreiten und sich etwas zu gönnen. Jeder muss für sich selbst das Gleichgewicht zwischen diesen beiden Polen finden. Und vielleicht gibt es auch kein dauerndes Gleichgewicht. Ich sollte mich nur fragen, was jetzt für mich stimmig ist. Entscheidend sind auch hier die vier Kriterien, die für die frühen Mönche zum guten Leben gehören: Führt mich das Gönnen oder das Verzichten zu mehr Lebendigkeit, Freiheit, Frieden und Liebe? Dort, wo diese vier Kriterien erfüllt sind, dort liege ich richtig.

Verzicht und Disziplin

Das Wort »Verzichten« hat heute keinen guten Klang. Wir freuen uns, dass wir uns etwas gönnen können. Warum sollten wir verzichten? Früher hat man das Verzichten manchmal als ein Opfer gesehen, das wir Gott bringen. Aber Gott braucht unsere Opfer nicht. Dennoch hat das Verzichten einen Wert. Sigmund Freud, der wenig Sinn für das Religiöse hatte und sicher nicht im Sinne einer Religion argumentierte, meint: Wer nicht verzichten kann, der wird auch nie ein starkes Ich entwickeln. Für Freud gehört also das Verzichten zum Reifwerden des Menschen. Es stärkt mein Ich, sodass ich selber entscheiden kann, ob ich mein Bedürfnis erfüllen möchte oder ob ich lieber verzichte. Verzichten hat immer etwas mit Freiheit zu tun. Und es hat mit Verantwortung zu tun. Wir verzichten auf manches, weil wir erkannt haben, dass unbegrenzter Konsum nicht nur uns selbst, sondern auch unserer Erde nicht guttut.

> Verzichten hat immer etwas mit Freiheit zu tun. Und mit Verantwortung.

Es ist ein Zeichen von innerer Gesundheit, wenn wir in der Lage sind, uns in Zeiten des Überflussangebotes selber Grenzen zu setzen. Wir verbinden mit Disziplin meist Härte gegen sich selbst und Verzichten auf das, was Freude macht. Doch »Disziplin« kommt von »dis-capere«. Es heißt eigentlich: sein Leben selber in die Hand nehmen, es selber leben. Hildegard von Bingen hat das schöne Wort geprägt, Disziplin sei die Kunst, sich immer freuen zu können. Wenn wir zum Einkaufen gehen und so viel einkaufen, dass wir uns zu Hause ärgern, weil wir so viel mitgenommen und so viel Geld ausgegeben haben, dann merken wir, dass uns Disziplin guttäte. Wenn wir uns aber beim Einkaufen viel Schönes angeschaut haben, aber die Disziplin aufgebracht haben, nur das zu kaufen, was wir wirklich vorhatten, können wir uns an dem, was wir gekauft haben, auch freuen. Und zugleich freuen wir uns über unsere Disziplin, darüber, dass wir nicht den vielen Reizen erlegen sind.

Das Gleiche gilt vom Essen. Wenn wir eine gewisse Disziplin beim Essen haben, dann freuen wir uns über das gute Essen und genießen es. Aber wir wissen, wann wir genug haben. Wir können dem Drang widerstehen, noch mehr zu essen, weil es so gut schmeckt. Wenn wir uns dann abends auf die Waage stellen, sind wir zufrieden, dass wir diszipliniert waren. Natürlich gibt es auch Fehlformen der Disziplin. Wenn wir ständig auf unsere Pfunde schauen und beim Essen ängstlich sind, es könnte zu viel werden, dann werden wir nichts wirklich genießen können. Es braucht beides: Zum einen braucht es die Lust, zu genießen, und auch mal die Bereitschaft, ein bisschen über die Stränge zu schlagen. Aber dann braucht es auch wieder die Disziplin, damit wir uns in unserem Leib wohlfühlen. Wenn wir ständig zu viel essen, fühlen wir uns nicht mehr wohl.

Disziplin braucht es auch bei der Arbeit. Es gibt Menschen, die sich bei der Arbeit ständig ablenken lassen. Anstatt am Schreibtisch zu bleiben und eines nach dem anderen zu erledigen, stehen sie ständig auf, fangen etwas anderes an und kommen einfach nicht weiter. Disziplin will auch gelernt sein. Wenn man aber gerade mit seiner Zeit diszipliniert umgeht, dann gerät man nicht in Stress, und man hat am Abend das Gefühl, dass man wirklich etwas geschafft hat. Disziplin hat mit Selbstbegrenzung zu tun und mit innerer Stärke. Wir dürfen das nicht mit Härte gegen uns selbst verwechseln. In der Disziplin achte ich auf mein gesundes Maß, auf meinen eigenen inneren Rhythmus. Aber ich halte mich dann auch an die Regel, die ich mir auferlegt habe, nicht pedantisch, sondern mit einer gewissen Freiheit. Wenn ich diszipliniert bin, darf ich die Disziplin immer auch einmal verlassen und dem Drang der Freiheit nachgeben.

> Disziplin kann man lernen. Und man muss sie üben.

Aber es braucht ein gutes Gleichgewicht zwischen Disziplin und Freiheit, zwischen den Regeln, die wir uns selbst gegeben haben, und der Freiheit, sie auch einmal zu übertreten.

Begeistert sein. Nüchtern bleiben

Es ist schön, wenn sich Menschen begeistern lassen. Sie brennen dann für eine Aufgabe, für einen bestimmten Wert, für ein Ziel. Und sie strengen sich an, dieses Ziel auch zu erreichen. Oder sie lassen sich anrühren von den Bildern einer Ausstellung, die sie besuchen, oder im Konzert begeistern von einer Musik. Mit ihnen tauschen wir uns gerne über unsere Eindrücke aus. Wenn einer sich überhaupt nicht berühren lässt, keinerlei Resonanz zeigt und auch deutlich macht, dass er unsere Begeisterung nicht versteht, dann haben wir ein fades Gefühl. Vielleicht ist der andere sogar neidisch und versucht, unser Erlebnis zu entwerten? Dann gehen wir enttäuscht nach Hause.

Ich kenne auch Menschen, die sich zu leicht begeistern lassen. Sie heben dann schnell ab. Wir haben dann den Eindruck, dass sie das brauchen, um ihrem eintönigen Leben zu entfliehen. Und sie werden in ihrer Begeisterung blind für die Wirklichkeit. Da braucht es dann auch Nüchternheit. Nüchternheit bedeutet nicht, dass ich keine Gefühle habe. Nüchtern auf die Dinge zu schauen heißt vielmehr, mit wachen Augen auf die Wirklichkeit zu sehen. In der Begeisterung projizieren wir

> Begeisterung heißt nicht: blind sein für die Wirklichkeit. Und Nüchternheit nicht: auf Sparflamme leben.

oft unsere eigenen Wünsche und Sehnsüchte in einen Menschen oder in ein Projekt oder in eine Idee hinein. Der hl. Benedikt verlangt vom Cellerar (also dem Mönch, der sich um die wirtschaftlichen Angelegenheiten kümmert), dass er nüchtern ist. Das lateinische Wort dafür heißt »sobrius«. Das meint: gesunde Sinne haben, die Wirklichkeit so betrachten, wie sie ist, und nicht durch die Brille der eigenen Projektionen. Wir können entweder alles schwarz sehen oder alles mit einer rosa Brille anschauen. Beides verfälscht die Realität. Der nüchterne Mensch wird aber nur dann zum Segen für andere, wenn er sich auch begeistern kann. Doch in seiner Begeisterung bewahrt er immer auch die Nüchternheit. Er begeistert sich für die Wirklichkeit, wie sie ist, und nicht für irgendwelche Illusionen, die wir uns oft machen.

Nüchternheit – sich der eigenen Begrenztheit bewusst werden – heißt nicht, dass wir nur auf Sparflamme leben. Vielmehr lädt uns die Beschränktheit unseres Lebens dazu ein, leidenschaftlich zu leben, alle unsere Leidenschaft in diesen Augenblick strömen zu lassen: Es bedeutet, mit all unseren Sinnen und Emotionen im Jetzt zu leben, die Gegenwart wahrzunehmen. Das deutsche Wort »Leidenschaft« kommt nicht von »Leid« im Sinn von Schmerz und Kummer, sondern ursprünglich von »leiden« = »fahren«, »reisen«, »gehen«. Etwas mit Leidenschaft zu erleben bedeutet also eigentlich: sich auf eine Fahrt zu machen, etwas zu entdecken, etwas mit seinem ganzen Gemüt zu erleben, sich ganz auf das einlassen, was ich gerade erlebe. So wie man sich voller Neugier und mit all seinen Sinnen auf die Reise macht, so lebe ich leidenschaftlich, wenn ich mich mit allen Sinnen einlasse auf das, was ich gerade tue, erlebe oder plane. Auch eine Gesellschaft entwickelt sich gut, wenn beide Elemente gelebt werden können: Begeisterung für Werte und Wirklichkeitssinn in der Durchsetzung von Zielen.

Die letzte Grenze

Wir haben es erlebt: Der Tod ist jederzeit eine reale Möglichkeit für uns. Wenn wir diese unsere letzte Begrenztheit angesichts des Todes annehmen, dann werden wir fähig, uns ganz auf das Leben einzulassen. Dann leben wir bewusst und intensiv.

> Nur wenn wir unsere letzte Begrenztheit angesichts des Todes annehmen, werden wir fähig, uns ganz auf das Leben einzulassen.

Das hört sich leicht an. Wir wurden aber auf harte Weise mit dem Tod konfrontiert. Dafür stehen etwa die Bilder aus Italien und Spanien: Särge, die in Kühlhallen gelagert werden mussten, weil es so viele waren, und die vom Militär mit Lastwagen abtransportiert wurden. Wie gehen wir um mit diesen Bildern? Verdrängen wir sie? Ist die Konsequenz nicht tatsächlich, dass der Tod für die Gesellschaft nur noch zum Problem des Entsorgens wird? Und ist diese Angst nicht berechtigt? Die dringliche Frage ist weiter: Wie gehen wir heute nicht nur mit unseren Gedanken an den Tod um, sondern auch mit dem realen Sterben? Lassen wir die Menschen einsam sterben, ohne Begleitung, ohne Hilfe?

Auch Menschen, die sagen, sie hätten keine Angst vor dem Tod, haben Angst vor dem Sterben. Es ist ein Urbedürfnis des Menschen, im Sterben begleitet zu werden. Auf dem Höhepunkt der Corona-Krise war das die große Sorge vieler alter Menschen: Sie wollten in dieser Situation nicht alleingelassen werden. Und es war auch ein tiefer Schmerz für die Menschen, die ihre alten, kranken Eltern begleiten wollten. Auf einmal durften sie sie nicht mehr besuchen. Sie durften ihre Hand nicht

> Was ist gelingendes Sterben? Diese Frage betrifft jeden Einzelnen, geht aber auch die Gesellschaft an.

halten, ihnen keine zärtlichen Worte sagen, um den Übergang des Sterbens angenehmer werden zu lassen. Eine solche erzwungene Erfahrung macht traurig.

Wie eine Gesellschaft mit Sterbenden umgeht, daran zeigt sich ihre Menschlichkeit. Es ist ein Maßstab unserer Humanität. Christliche Sterbebegleitung jedenfalls hat den Anspruch, die Sterbenden nicht alleinzulassen. Der Begleiter sitzt schweigend beim Sterbenden, hält seine Hand, stellt vielleicht auch Fragen, ob der Sterbende noch etwas sagen möchte, an wen er jetzt besonders denkt, wofür er dankbar ist, wenn er an sein Leben zurückdenkt. Er fragt den Sterbenden vielleicht auch, ob er mit ihm beten möchte oder ob er gerne den Segen empfangen möchte.

In der Krise war es ein wichtiges Anliegen, Altenheime vor dem Virus zu schützen. Aber die Frage ist, ob die Abschottung der einzige Weg war, vor Ansteckung zu schützen. Es gibt auch andere Möglichkeiten, sich und andere vor Ansteckung zu schützen. Der Wert der Sterbebegleitung kann jedenfalls nicht hoch genug eingeschätzt werden.

Es ist verständlich, dass viele alte Menschen Angst hatten, gerade während der Pandemie zu sterben. Denn sie wollten menschenwürdig sterben, und sie wollten auch einen würdigen Abschied am Grab. Eine Beerdigung war, soweit ich zurückdenken kann, immer ein soziales Ereignis. In ländlichen Gebieten hat das ganze Dorf Abschied genommen und den Verstorbenen auf diese Weise gewürdigt. Einem Verstorbenen das letzte Geleit zu geben, gehörte zum Ehrenkodex der Menschen. Ein Bekannter aus Bayern, 82 Jahre alt, schrieb kürzlich, er habe ein sehr erfülltes und reiches Leben gelebt und könne sich gut und ohne Bitterkeit vorstellen, in diesem Alter zu gehen. Er würde allerdings ungern jetzt in der Zeit der Epidemie sterben, weil ihm doch sehr daran gelegen sei, dass die Verwandtschaft und die Freunde sich zum Abschied und in Erinnerung an ihn bei einer schönen Feier zur Erneuerung der familiären Gemeinschaft und zum Erzählen bei Essen und Trinken zusammenfänden: zu einem Fest des Lebens. Was dieser alte Mann schrieb, spricht vielen aus dem Herzen. Viele alte Menschen sind bereit zu sterben, aber sie möchten menschenwürdig sterben, und sie möchten einen Abschied, der auch für die Hinterbliebenen zum Trost und zum Segen werden kann.

In unserer Gesellschaft gibt es verschiedene Tendenzen, mit dem Tod umzugehen. Da ist einmal der Gesundheitswahn, der letztlich der Angst vor dem Tod entspringt und versucht, diese Angst zu verdrängen. Unter allen Umständen möchte man den Tod vermeiden. Doch auch wenn ich noch so gesund lebe, kann ich dem Tod nicht ausweichen. Ich muss mich meiner Begrenztheit stellen und erfahren, dass ich mein Leben letztlich nicht unter Kon-

Zwei Folgen der Todesangst: Verdrängung des Todes und Kontrolle des Sterbens.

trolle habe. Die andere Tendenz zielt in eine andere Richtung: Ich möchte über das Ende meines Lebens selbst bestimmen. Wenn ich nicht mehr leben will, dann setze ich meinem Leben eben selbst ein Ende. Auch hier ist das Motiv: Ich möchte mein Leben selber kontrollieren. Das Sterben wird dann nicht mehr als Prozess akzeptiert, in dem ich wesentliche Erfahrungen des Menschseins mache: Abschiednehmen, Versöhnungsarbeit, Loslassen, Nachdenken über das Eigentliche meines Lebens. Im Deutschen sprechen wir vom Sterben als »das Zeitliche segnen«. Das ist ein schönes Wort. Es drückt aus, dass die Sterbenden für die, die in der Zeit bleiben, zum Segen werden, dass sie mit ihrem Sterben die Menschen, die weiterleben, segnen.

Beides, sowohl die Verdrängung des Todes als auch der Wille, die Kontrolle über das Sterben zu behalten, hat ihre tiefste Ursache in der Todesangst. Auch wenn es verschiedene Formen von Todesangst gibt – ein Grundmuster der Todesangst ist wohl immer die Angst vor dem Kontrollverlust. Das ist gerade für den heutigen Menschen, der alles kontrollieren möchte, eine tiefe Verunsicherung. Aber wir können der Todesangst weder durch Verdrängung noch durch Kontrolle entgehen. Wir müssen uns ihr stellen. Der Glaube, in Gottes Hand zu sein, kann eine Hilfe sein, mit dieser Todesangst umzugehen.

Für Christen ist der Auferstehungsglaube eine Antwort auf den Tod. In unserer Zeit verblasst dieser Glaube immer mehr. Rationale Überlegungen versuchen, den Glauben an die Auferstehung zu diskreditieren. Dagegen meint C. G. Jung: Wer mit rationalen Argumenten gegen die Weisheit der Seele, die um den Tod als Vollendung weiß, verstößt, der wird ruhelos, rastlos und neurotisch. Wir erleben heute solche Rastlosigkeit als Verdrängen des Todes und als Folge dessen, dass man den Glauben an ein Jenseits, wie immer man sich das vorstellen mag, aufkündigt. Die Herausforderung ist: Wie können wir denen, denen die Jenseitshoffnung abhandengekommen ist, den christlichen Glauben an die Auferstehung vermitteln? Und wie können wir heute eine nachvollziehbare »ars moriendi« (eine Kunst zu sterben) lehren?

Wie können wir heute glaubwürdig von Auferstehung sprechen?

Die »ars moriendi« war immer auch eine »ars vivendi«: eine Kunst, gut zu leben. Für mich besteht die »ars moriendi« heute darin, meine Begrenztheit in aller Demut anzunehmen und mich einzuüben in das Loslassen. Das Sterben vollendet den Prozess des Loslassens, der unser ganzes Leben prägt und gerade im Alter zu einer neuen Herausforderung für uns wird. Wenn wir unsere Rollen, unsere Bedeutung, unsere Werke, unsere Arbeit loslassen, was bleibt dann als die Essenz unseres Lebens? Was möchten wir mit unserem Leben vermitteln? Welche Spur möchten wir eingraben?

Wenn ich die Schwierigkeiten, die viele skeptische und kritische Menschen heute mit dem christlichen Auferstehungsglauben haben, ernst nehme, werde ich im Gespräch mit ihnen eine Sprache suchen, die ihrer tiefsten Sehnsucht entspricht. Ich glaube, in jedem von uns ist die Sehnsucht, dass der Tod nicht einfach Ende ist, sondern Vollendung. Wenn wir die Auferstehungsbotschaft des Johannesevangeliums in unsere Zeit übersetzen, so heißt sie: Die Liebe ist stärker als der Tod. Wir fallen im Tod nicht aus der Liebe heraus, weder aus der Liebe der Menschen, die uns und die wir geliebt haben, noch aus der Liebe Gottes. Und unsere tiefste Sehnsucht nach gutem Leben, nach erfülltem Leben, nach reiner Präsenz wird gestillt. Wir können über die Auferstehung nur in Bildern sprechen. Und diese Bilder entsprechen einerseits einer Wirklichkeit – doch andererseits ist die Wirklichkeit selber jenseits aller Bilder. So dürfen wir den Bildern trauen und uns zugleich in das Geheimnis ergeben, dass die Wirklichkeit des ewigen Lebens jenseits aller Bilder ist.

Manche lehnen den Glauben an die Auferstehung als Jenseitsvertröstung ab. Diese Ablehnung hat natürlich eine gewisse Berechtigung. Aber wenn wir den Glauben an die Auferstehung richtig verstehen, so will er uns befähigen, *jetzt* gut zu leben. Dann stehen wir nicht unter Druck, möglichst viel noch hineinzupacken in unser so kurzes Leben, das mit dem Tod definitiv aus und vorbei ist. Wir müssten dann nicht »das Leben als letzte Gelegenheit« verstehen, wie die Pädagogin Marianne Gronemeyer das im Titel eines ihrer Bücher ausdrückt. Vielmehr können wir das Leben jetzt genießen, im Wissen, dass das Leben hier nicht alles ist, dass all die Sehnsucht, die bei jedem intensiven Erleben in uns aufbricht, in Gott für immer erfüllt wird.

Und wenn wir in der Situation der Trauer sind, weil wir einen lieben Menschen verloren haben – wie können wir diesen Glauben so verkünden, dass er uns in der Trauer hilft? Er bedeutet nicht, dass wir die Trauer überspringen. Der Schmerz des Abschieds gehört zu unserem Leben. Aber ein junger Mann, der vom Suizid eines Freundes hörte, schrieb der Mutter, obwohl er sich selbst als ungläubig beschreibt: Er denke an sie, gerade in einer Zeit (es war Osterzeit), in der man an ein Leben über den Tod hinaus glaube. Der junge Mann hat gespürt, dass dieser Gedanke der Mutter Trost spendete. Und indem er es schrieb, wurde auch in ihm die Sehnsucht wach, dass dieser Gedanke mit der Wirklichkeit übereinstimmt. Das war eine neue Perspektive.

Abschiedlich leben

Von Antonius, dem ersten großen Mönchsvater, wird erzählt, dass er in der Stunde seines Sterbens den Tod lächelnd anschaute. Er hatte keine Angst. Er freute sich, im Tod Gott zu begegnen und Christus zu schauen. Die Sehnsucht, mit der die Mönche sich nach dem ewigen Leben sehnen sollen, ist freilich keine Flucht vor der Realität des Lebens. Vielmehr wird dadurch alles, was uns sonst wichtig erscheint in unserem Leben, relativiert. Aber so können wir uns auch ganz auf das Leben einlassen. Auch Johann Sebastian Bach kann in der Kantate *Ich habe genug* ein Lied anstimmen: »Ich freue mich auf meinen Tod.« Er stand mitten im Leben und war dem Leben mit seinen Freuden zugewandt, hatte durch den Tod seiner Kinder aber auch Kummer erfahren. Bach freute sich auf den Tod als Erlösung. Und er hatte auch im wahrsten Sinn des Wort »genug«. Er nahm zwar die Freude von Simeon auf, dass dieser das Jesuskind sehen durfte (vgl. Lk 2,25ff), aber er drückte auch aus,

Abschiedlich leben: keine Flucht vor der Realität, sondern Ausdruck von Gelassenheit.

dass der Tod eine Erlösung sein kann. Da steht nicht die Gier im Vordergrund, möglichst viel aus dem Leben herauszuholen, noch möglichst viel genießen zu können – aus Angst, man könnte sonst etwas verpassen. Es ist vielmehr Ausdruck von Gelassenheit.

Meine eigene Mutter hat in den letzten Jahren ihres langen Lebens immer wieder gesagt: »Ich lebe gerne. Aber ich bin auch bereit, zu gehen, wenn Gott es will.« Eine solche Haltung gibt innere Freiheit. Wir leben gerne. Aber zugleich erleben wir, dass die Freude am Leben Geschenk ist. Wir können das Leben nicht selber verlängern. Aber wir können es bewusst leben.

In der spirituellen Literatur wird oft davon gesprochen, dass wir abschiedlich leben sollen. Abschied nehmen tut weh. Und wenn jemand stirbt, dann ist es vor allem der endgültige Abschied, der uns schmerzt. Doch im ganzen Leben ist es so: Wir müssen uns von unserer Jugend verabschieden. Wenn wir den Wohnort wechseln, aus welchen Gründen auch immer, geht es darum, auf gute Weise Abschied zu nehmen. Nur wenn wir Abschied nehmen, können wir mit neuer Kraft an einem neuen Ort anfangen. Wenn ein Mitarbeiter die Firma verlässt, braucht es einen guten Abschied. Ohne bewussten Abschied bleibt etwas Unaufgearbeitetes zurück, und oft genug entsteht dann Bitterkeit in dem, der nicht gut verabschiedet worden ist, aber auch in denen, die zurückbleiben. Das Bild vom Abschied gilt für unser ganzes Leben. Bis zum Ende nehmen wir Abschied: von unserer Arbeit, von unserer Ge-

> Das Bild vom Abschied gilt für unser ganzes Leben.

sundheit, von den Lebensmöglichkeiten, die uns bisher offenstanden.

Wenn wir von einer Stadt oder einer Landschaft, die wir liebgewonnen haben, Abschied nehmen, wollen wir bewusst noch einmal die Atmosphäre der Stadt oder der Landschaft einatmen. Wir wollen nochmals bewusst erleben, was diese Stadt uns bedeutet. Wenn wir unser ganzes Leben abschiedlich leben, dann nehmen wir bewusst wahr, was wir gerade erleben. Wir wollen im Abschied das mitnehmen, was die Essenz unseres Lebens ist. Wir wollen die Liebe mitnehmen, die wir erfahren und die wir gegeben haben. Wir nehmen die Begegnungen mit, die uns bereichert haben. So heißt abschiedlich zu leben nicht, traurig und wehmütig zu leben, sondern das, was uns im Leben begegnet, mit wachen Augen und voller Dankbarkeit anzuschauen.

Wenn wir von einem Menschen Abschied nehmen, den wir sehr geliebt haben, dann tut der Abschied besonders weh. Es ist ein Schmerz der Liebe. Doch es gibt auch den Schmerz der Leere. Denn wenn uns bewusst wird, dass wir die Chance versäumt haben, diesen Menschen wirklich kennen und lieben zu lernen, dann ist der Schmerz des Abschieds vor allem der Schmerz über das nicht gelebte Leben. Abschiedlich zu leben heißt daher: *wirklich zu leben*. Denn ein nicht gelebtes Leben loszulassen fällt uns schwer. Oft wollen Menschen vor dem Abschied noch alles nachholen, was sie bisher versäumt haben. Doch dann wird ihr Leben hektisch, unruhig und letztlich unglücklich. Wenn uns beim Abschied bewusst wird, dass

Abschiedlich leben heißt auch: Das Geheimnis des Lebens bewusst wahrnehmen.

wir vieles versäumt haben, dann müssen wir schmerzlich wahrnehmen, dass wir das Versäumte nicht nachholen können. Wir können dann nur versuchen, jetzt ganz im Augenblick zu leben, dem geliebten Menschen das zu sagen, was wir nie gesagt haben, und das zu leben, was wir nie getan haben: einfach da zu sein, in der Liebe zu sein, Liebe zu verströmen. Dann kann der Abschied trotzdem noch gut werden.

Abschiedlich zu leben bedeutet also, das Geheimnis des Lebens bewusst wahrzunehmen. Jedes Gespräch, das ich führe, könnte das letzte sein. Ich setze mich deshalb zwar nicht unter Druck, alles sagen zu müssen, was ich bisher nicht gesagt habe. Aber ich versuche, jetzt, in diesem Gespräch aufmerksam zu sein, mich ganz auf den anderen einzulassen. Dann wird dieses Gespräch gut werden. Abschiedlich leben heißt nicht, dass wir alles, was möglich ist, leben sollen. Vielmehr sollen wir uns des Fragmentarischen unseres Lebens bewusst sein. Aber das, was wir als Fragment leben, das soll mit allen Sinnen gelebt werden. Und es soll mit Liebe, Gelassenheit und zugleich Demut gelebt werden. Dann vertieft der Abschied unser Leben und gibt ihm einen angenehmen Geschmack.

Meine Zeit bewusst erleben und gestalten

»Es ist Zeit, dass es Zeit wird«

Die Gleichung »Zeit ist Geld« stimmt nicht mehr, sobald wir uns der Endlichkeit unserer Lebenszeit und der Fragilität unseres Daseins bewusst werden. Dann ist nicht mehr entscheidend, dass in immer kürzeren Zeiteinheiten eine immer höhere Produktivität erreicht wird. Am Ende eines Lebens ist auch nicht entscheidend, wie viele Stunden ich im Büro oder am Schreibtisch verbracht habe. Wichtig wird dann die Qualität der Zeit, also das,

> Ein Blick auf unsere Endlichkeit macht klar: Zeit ist nicht Geld. Zeit ist Leben.

was für ein gutes Leben Bedeutung hat: Zeit für uns, Zeit für andere, Zeit miteinander. „Es ist Zeit, dass es Zeit wird. / Es ist Zeit." So lauten die Schlussverse eines Gedichtes von Paul Celan, das merkwürdigerweise den Titel *Corona* trägt.

Es verbietet sich, Zeit zu vergeuden, zu vertrödeln. Der deutsche Ausdruck »trödeln« kommt ursprünglich von dem Wort »Trödel«, das »Kleinkram« oder »Altwaren« bedeutet. Wer seine Zeit vertrödelt, der beschäftigt sich mit unwesentlichem Kleinkram oder mit nutzlosen Altwaren. Er hängt an

der Vergangenheit und kann sich nicht auf den Moment einlassen. Er verschwendet seine Zeit mit Dingen, die keine Bedeutung haben. Er geht der Gegenwart aus dem Weg. Wenn
wir unseren Alltag genau anschauen, so kennt jeder solche
Zeiten: Wir tun irgendetwas, aber letztlich ist es völlig un-
bedeutend. Es kommt nichts dabei heraus. Wir kreisen um
alte Dinge, um vergangene Erlebnisse, aber wir bearbeiten sie
nicht. Wir hantieren damit, aber wir gestalten damit nichts.
Nicht umsonst spricht man auch davon, dass wir »die Zeit
totschlagen«.

Es ist für ein gutes Leben notwendig, dass wir unsere Zeit
weder vertrödeln noch totschlagen, sondern
sie sinnvoll und gut nutzen. Es gibt aber
nicht nur das Bild vom »Totschlagen« der
Zeit, sondern auch die umgekehrte bild-
hafte Vorstellung: dass Zeit uns »umbringt«,
weil wir uns von ihren Ansprüchen »auffressen« lassen.

Die Zeit zum Freund
machen. Und unver-
zweckte Auszeiten
genießen.

Wenn wir fragen, wie Zeit gutes Leben sein kann, dann
bedeutet das gerade nicht, dass wir die Zeit ausbeuten oder
sie einfach nur hinter uns bringen. Es geht vielmehr darum,
dass unsere Zeit positiv erfahren und eine angenehme Zeit
wird. Es kommt also auch im Alltag immer darauf an, wie ich
meine Zeit verstehe. Wenn ich sie vor allem als Anhäufung
von Terminen sehe, dann erfahre ich sie als zerrissen. Die
Griechen haben für dieses Zeitverständnis das Wort »chronos« gebraucht. Wir sprechen heute noch vom »Chrono-
meter«, vom Zeitmesser. Da geht es um die Minuten und
Sekunden, die Geschwindigkeit messen und gefüllt sind von
irgendwelchen Ansprüchen und von Erwartungen anderer,

die ich zu erfüllen habe. Chronos war in der Mythologie der Griechen der Urgott, der seine Kinder fraß. In diesem Sinn sprechen auch wir davon, wenn wir uns als Sklaven der Zeit fühlen, die von Termin zu Termin gehetzt werden. Nie reicht die Zeit aus, all das zu tun, was wir sollten. Viele, die heute an Burnout leiden, erleben ihre Zeit als inneren Feind. Die Griechen kennen jedoch auch einen anderen Ausdruck für Zeit: kairos = die angenehme Zeit. »Kairos« nennt auch Jesus die Zeit, in der wir ganz im Augenblick sind, ohne Druck. Wenn wir ohne Druck leben, kann die Zeit uns zum Freund werden. Wir müssen sie nicht »vertreiben«.

Wo Jesus vom »kairos« spricht, meint er den Augenblick als die Einladung, die Fülle der Zeit zu erleben. Das erste Wort, das Jesus im Markusevangelium spricht, heißt: »Die Zeit ist erfüllt.« (Mk 1,15) Das griechische Wort heißt: anfüllen, voll machen, vollständig sein. Wie soll man das verstehen, dass die Zeit angefüllt ist? Womit ist sie angefüllt? Sie ist mit Zeit angefüllt. Dieser eine Augenblick hat alles in sich, was die Zeit anbietet: vollständiges Dasein, Einssein, Lebendigkeit, Fülle. Wir erleben diese Fülle aber nur, wenn wir ganz im Augenblick sind. Diese Zeit gehört dann mir. Ich bin ganz in der Zeit. Ich bin gerade in dem, was ich tue, ohne auf die Uhr zu schauen, was mich in der nächsten Minute erwartet. Wer seine Zeit so erlebt, der fühlt sich nicht zerrissen. Er ist immer dort, wo er gerade steht, in dem Augenblick, in dem er gerade lebt. Dann genieße ich die Zeit. Und auch wenn ich viel tue, bin ich nicht zerrissen oder gehetzt. Ich tue eins nach dem andern. Aber jetzt bin ich gerade mit dem beschäftigt, was ich jetzt tue. Und das tue ich ganz.

Auch eine Geschichte der Mönchsväter erzählt von der Bedeutung des gegenwärtigen Moments: »Es sagte einer der Väter: Es ist schändlich, wenn die, die den gegenwärtigen Augenblick vorübergehen lassen, ihn wieder zurückrufen möchten. Denn dann wird es für uns zu unserem Gram nichts mehr geben.« Das ist immer noch aktuell: Wenn wir den Augenblick achtlos vorübergehen lassen, dann können wir ihn nicht mehr zurückrufen. Wir haben ihn verpasst. Manchmal geht uns das bitter auf, wenn jemand uns erzählt, wie er den Blick auf das Meer oder den Blick in die Landschaft genossen hat. Wir selber sind an diesem Ort vorbeigegangen, haben vielleicht über Probleme bei der Arbeit gegrübelt und die Schönheit gar nicht wahrgenommen: Wir haben den Augenblick versäumt. Manchmal können wir vielleicht zurückgehen, um jetzt bewusst die Landschaft anzuschauen. Aber oft ist es auch zu spät. Die Gelegenheit ist vertan. Wenn uns das aufgeht – so sagt der Mönchsvater – bleibt uns nur noch Gram, Betrübnis, Traurigkeit. Genießen wir also den Augenblick. Jetzt.

Aber gerade wenn wir intensiv arbeiten, unsere Zeit bewusst leben und uns ganz auf das einlassen, was wir tun, braucht es auch einen bewussten Gegenpol: die Auszeit. In der Auszeit steigen wir aus dem Hamsterrad der immer schneller werdenden Zeit aus. Wir nehmen uns Zeit für uns selbst. Diese Zeit vertrödeln wir nicht. Es ist vielmehr eine Zeit, in der wir einfach da sein können, eine freie Zeit, die wir uns nicht verzwecken lassen. Gerade wenn wir viel arbeiten und unsere Zeit gut auszunutzen, braucht es solche

Aussteigen aus dem Hamsterrad.

Auszeiten. Sie können ganz kurz sein. Ich lege mich z. B. nach zwei Stunden einer anstrengenden und konzentrierten Arbeit eine Viertelstunde hin und sage mir vor: Jetzt muss ich gar nichts tun, über gar nichts nachdenken. Ich spüre einfach die Schwere der Müdigkeit und lasse sie zu. Ich befreie mich von dem Druck, jetzt etwas leisten zu müssen, mich vor anderen zu rechtfertigen für das, was ich geschaffen habe. Ich genieße es – und danach habe ich wieder Lust, zu arbeiten.

Notwendige Zeiten der Ruhe

Die Literaturnobelpreisträgerin Olga Tokarczuk schrieb über ihre Erfahrung einer Welt im Krisenmodus: »Das Virus hat uns gezeigt, dass unsere fieberhafte Mobilität die Welt bedroht. Und es hat die Frage aufgerufen, die wir uns nur selten zu stellen wagten: Was suchen wir eigentlich?« »Als wir das Ziel endgültig aus den Augen verloren hatten, verdoppelten wir unsere Anstrengungen«, sagt schon Mark Twain, ein früher Kritiker einer allzu hektischen Gesellschaft. Die künstliche Verlangsamung hat uns gezeigt, was wir uns bewusst wieder aneignen könnten: zu einem menschengemäßen Tempo zurückzukehren. Die Auszeit, die uns die Krise geschenkt hat, könnte uns eine Lehre werden, uns auch selbst immer wieder Auszeiten zu gönnen, in denen wir Langsamkeit, Ruhe und Stille bewusst erfahren. Sie können dann auch zu Zeiten

Ein neues Gespür für menschengemäße Zeit entwickeln.

werden, in denen wir auch lernen, dass wir etwas geschehen lassen. Das ist nicht im Sinne eines passiven Faulenzens zu verstehen. Der große Mystiker Meister Eckehart spricht vom Geschehenlassen. Das ist eine eigene

Gelassenheit als Haltung

Kunst. Denn wenn wir westlichen Menschen diese Kunst lernen wollen, sind wir schnell zu ehrgeizig und verfälschen sie damit. In unserem geschäftigen Tun wollen wir die Dinge so ändern, wie wir sie haben möchten. Doch damit verfehlen wir oft das Ziel. Denn die Dinge haben ihre eigene Gestalt. Das ruhige Nichts-Tun kann auf Dauer durchaus effektiv sein. Wir setzen uns nicht unter Druck, uns durch viele Tätigkeiten dauernd beweisen zu müssen. Wir entwickeln ein Gespür dafür, wo Handeln nötig ist, wo herzhaftes Eingreifen gefragt ist und wo es besser ist, etwas einfach geschehen zu lassen. Wer diese Haltung erlernt, der gewinnt etwas. Er vergeudet seine Zeit nicht mit nutzlosem Tun, sondern hat ein Gespür für die rechte Zeit, für den »Kairos«, in dem sein Handeln wieder gefordert ist.

Dass das Leben plötzlich einen neuen Takt bekam, hat viele erschreckt. Aber genau das veranlasste Olga Tokarczuk zu der Frage, ob es nicht umgekehrt sei: nämlich dass nicht das Virus die Norm verletzt hat, sondern dass die hektische Welt in der Zeit vor dem Virus nicht normal war

In der Tat merken wir jetzt wieder deutlich: Zeiten der Verlangsamung, der Ruhe und der Stille tun uns gut. Sie erfrischen uns, schenken neue Kraft. Wir sollten sie nicht dem Zufall überlassen und können sie auf ganz unterschiedliche Weise suchen und gestalten. Sie sind eine kostbare Gegenerfahrung zum Alltag. Wer die Langsamkeit übt, der erfährt die Zeit nicht als Gegner, den er möglichst gut beherrschen muss. Er erlebt die Zeit als Geschenk. Er kann sie genießen. Wer im Augenblick die Erfahrung der reinen Gegenwart macht, erfährt das Leben in seiner ganzen Intensität und erlebt, dass sein Leben gut ist.

> Nach innen gehen: Heilsam sind Langsamkeit, Ruhe und Stille.

In unser Kloster kommen immer wieder Menschen zu einem Kurs am Wochenende oder zu einem längeren Aufenthalt. Sie lassen ihre Familie allein zurück und spüren, dass es allen guttut. Sie kehren wieder erfrischt und ermutigt und mit neuer Kraft in die Familie zurück. Auch der Urlaub, den sich die meisten von uns gönnen, ist ja eine Art Auszeit. Auch da sollten wir freilich darauf achten, ihn nicht mit Aktivitäten vollzustopfen. Ich sollte mir erlauben, das zu tun, was meiner Seele guttut. Dann werde ich spüren, wie heilsam Ruhe und Stille sein können.

Neben diesen Auszeiten im Urlaub oder im Kloster gibt es aber Tag für Tag die Gelegenheit, eine kleine Auszeit zu nehmen. Ich kann mich am Morgen vor die Christus-Ikone setzen und mir gönnen, einige Minuten einfach dazusitzen, es zu genießen, dass ich nichts tun muss, dass ich einfach Christus anschaue und mich von ihm anschauen lasse. Oder ich kann mir tagsüber immer wieder kleine Auszeiten gönnen. Das kann ein kleiner Spaziergang sein. Das kann aber auch mitten in der Arbeit geschehen, wenn ich mir bewusst eine kleine Pause gönne. Die kann manchmal vielleicht nur eine Minute dauern. Entscheidend ist, dass ich vom Äußeren nach innen gehe, dass ich versuche, in den inneren Raum der Stille zu gelangen. Dort habe ich das Gefühl: Zu diesem Raum der Stille hat der Lärm um mich herum keinen Zutritt. Da können auch die Erwartungen von außen nicht eindringen. Es ist ein innerer Zufluchtsort. Ich laufe da nicht vor den Problemen meines Alltags davon. Ich nehme Zuflucht, um mich von dort aus innerlich erneuert und erfrischt wieder dem Alltag zuwenden zu können. Viele sagen, sie würden im Trubel des Alltags diesen Ort der Stille auf dem Grund ihrer Seele nicht spüren. Wir müssen ihn auch nicht spüren. Aber allein schon wenn wir uns vorstellen, dass jenseits der Probleme, die uns herausfordern, ein Ort der Stille in uns ist, dann relativieren sich die Probleme. Wir fühlen uns innerlich gelassen. Denn dieser innere Raum der Stille ist auch ein Raum der Erfrischung und Erneuerung.

Im eigenen Rhythmus

Seit jeher haben sich die Menschen dem Rhythmus der Natur angepasst. Das sehen wir auch in der Regel Benedikts, die für den Winter und den Sommer eine jeweils andere Tagesordnung vorsieht. Den Juden verdanken wir den Wochenrhythmus, dass wir sechs Tage arbeiten und uns am siebten Tag ausruhen. Das Jahr der Juden war durch Feste geprägt, die durch den Kreislauf des Jahres bedingt sind. Aber Israel hat diese Feste immer auch als Erinnerung an Gottes befreiendes Handeln verstanden. Die Christen haben diese Ordnung des Jahres übernommen, aber den Festen einen christlichen

Inhalt gegeben. An den Festen wird das Vergangene für uns gegenwärtig und erfahrbar. Für C. G. Jung ist das Kirchenjahr ein therapeutisches System, weil an den Festen des Kirchenjahres Bilder der Seele Ausdruck finden, die uns guttun und uns in Berührung bringen mit den heilenden Bildern unserer eigenen Seele.

Es tut uns Menschen gut, uns auf den Rhythmus des Jahres, der Woche, des Tages einzulassen. Daneben hat aber jeder Mensch auch einen eigenen Biorhythmus. Jeder hat Zeiten, in denen er leistungsfähig ist, und Stunden, in denen er nicht so wach ist. Der Biorhythmus ist nicht nur genetisch bedingt, sondern er wird auch von der Gewohnheit geprägt. So soll ich auf der einen Seite meinen Biorhythmus erkennen, auf der anderen Seite habe ich aber auch die Fähigkeit, ihn in gewissem Maße zu verwandeln und meinem Leben anzupassen.

> Natürliche Rhythmen zu leben tut uns gut.

Wie wir mit unserer Zeit umgehen, das wirkt sich auch im Arbeitsalltag aus. C. G. Jung meint einmal, wer im Rhythmus arbeite, könne nachhaltiger und effektiver arbeiten. Diese Erkenntnis ist für mich sehr wichtig geworden. Es gibt »Lerchen«, also Frühaufsteher, und »Eulen«, die am Abend leistungsfähiger sein können. Die Nachteulen haben es im Kloster schwer. Denn der Rhythmus im Kloster ist für Frühaufsteher gedacht. Doch die meisten von ihnen können sich mit der Zeit umstellen. Menschen, die in der beruflichen Wirklichkeit der »Welt« leben, können natürlich nicht den Rhythmus im Kloster kopieren. Aber sie können vom klösterlichen Leben lernen, für sich selbst einen guten

Rhythmus zu finden. Dabei geht es nicht darum, möglichst viel in den Tag hineinzustopfen. Vielmehr ist es eine Sache der Klugheit, wahrzunehmen, welcher Rhythmus für mich angemessen ist und mir guttut. Es braucht ein Ausprobieren, um herauszufinden, was für mich stimmt. Das beginnt schon mit dem Aufstehen: Auf welche Zeit stelle ich mir den Wecker? Welches Morgenritual vollziehe ich? Manche nehmen sich vor, möglichst früh aufzustehen, um noch eine halbe Stunde zu meditieren. Das ist sicher eine gute Übung. Aber ich muss klug entscheiden, ob das für mich stimmig ist oder ob ich es nur mit größtem Kraftaufwand einhalten kann. Wenn es zu anstrengend ist, zeigt es, dass ich mir einen fremden Rhythmus aufgezwungen habe. Dann bedarf es der Klugheit, um für mich einen Rhythmus zu finden, der für mich stimmt.

Der Rhythmus bezieht sich auf den ganzen Tag, auf die persönliche Zeit am Abend und am Morgen, aber auch auf die Arbeit. Die Arbeit kann ich gut leisten, wenn ich sie rhythmisiere. Auch hier kann ich überlegen: Was tue ich in den ersten Stunden, in denen ich am meisten Energie habe? Da wäre es gut, die wichtigsten und schwierigsten Aufgaben anzupacken. Dann sollte ich eine kleine Pause einplanen. Pausen sind ganz wichtig für den Rhythmus. Die Gehirnforschung sagt, dass sich das Gehirn in den Pausen wieder regeneriert. Wer länger als 90 Minuten an einem Thema arbeitet, bei dem lässt die Kreativität nach. Oft genügt es, eine kurze Pause einzulegen, sich einfach mal zurückzulehnen und den spontanen Gedanken Raum zu geben, die da in einem hochsteigen.

Es ist gut, wenn jeder ein Gespür bekommt für seinen Rhythmus. Ich kenne viele Führungskräfte, die kaum vor neun Uhr abends heimkommen. Das ist auf Dauer kein guter Rhythmus. Die Arbeit ist da. Aber ich sollte mir überlegen, wie ich sie so strukturieren kann, dass sie meinem inneren Rhythmus entspricht. Auf Dauer dürfen wir nicht gegen unseren Biorhythmus arbeiten. Zum guten Rhythmus gehört auch eine gesunde Zäsur zwischen Arbeit und Freizeit. Daher ist es gut, mit einem Ritual die Tür der Arbeit zu schließen, damit die Tür des Zuhauses aufgehen kann und wir dann ganz daheim, in der Familie oder in den eigenen vier Wänden sind.

Ausprobieren, welcher Rhythmus mir gut tut.

Ein gesunder Rhythmus gilt aber nicht nur für die Menschen in der Arbeit, sondern auch für die, die daheim sind, entweder weil sie schon im Ruhestand sind oder weil sie aus anderen Gründen zu Hause sind. Gerade dann, wenn die Arbeit keinen Rhythmus mehr vorgibt, sollte ich mir einen guten Rhythmus für den Tag und für die Woche schaffen. Es sollte ein Rhythmus sein, der mir entspricht, in dem ich mich wohlfühle. Ohne Rhythmus lassen wir uns oft hängen und versäumen das Leben. Wir haben dann am Abend das Gefühl, dass das Leben an uns vorbeigegangen ist. Das Leben braucht eine Form. Dann kann es leichter gelingen

Souverän meiner Zeit

Wir empfinden es als Wohltat, wenn ein Freund oder eine Freundin sich Zeit lässt für ein Gespräch und nicht ständig auf die Uhr schaut und damit signalisiert, dass schon etwas anderes, vielleicht Wichtigeres wartet. Sich füreinander Zeit lassen ist Ausdruck von gegenseitiger Wertschätzung.

Sich Zeit lassen –
für Menschen, aber
auch für Aufgaben.

Es gibt auch Aufgaben, für die ich mir Zeit lassen soll. Wer jedes Problem sofort lösen will, der übersieht oft manche Seiten des Problems. Es gibt Entscheidungen, die schnell gefällt werden müssen. Da wäre das Sich-Zeit-Lassen kontraproduktiv. Wenn ein Chef sich für jede Entscheidung zu viel Zeit lässt, dann lähmt das die Firma. Aber es braucht auch hier die Gabe der Unterscheidung: Welche Entscheidung braucht Zeit? Und welche soll schnell getroffen werden? Bei einem Kurs fragten Daimler-Mitarbeiter unseren früheren Abt Fidelis, wie denn im Kloster Entscheidungen gefällt werden. Abt Fidelis erzählte, dass bei wichtigen Entscheidungen der ganze Konvent abstimmt. Wenn er bei der Konventssitzung das Gefühl hat, es würde jetzt nur eine Kampfabstimmung geben, dann verschiebt er die Entscheidung. Wir lassen uns dann Zeit, mit den Gegnern des Projekts noch einmal zu sprechen und ihre Anliegen ernst zu nehmen. Wenn dann zwei Wochen später die Entscheidung gefällt werden muss, geht sie meistens ohne große Aggressionen oder Spannungen über die Bühne. Das war für diese Manager fremd. Sie erzählten, dass sie bei jeder Teamsitzung unter Druck stehen, jetzt eine Entscheidung treffen zu müssen. Und manchmal stellt sich später heraus, dass das vorschnell war und viel Geld gekostet hat. Es braucht also die Gabe der Unterscheidung, wann wir uns Zeit lassen sollen für eine Entscheidung und wann eine schnelle Entscheidung verlangt ist.

Viele Menschen sind ungeduldig mit sich selbst. Sie wollen auf ihrem psychischen Weg oder auch auf ihrem spirituellen Weg weiterkommen. Aber gerade persönliche Wege brauchen Zeit. Die innere Reifung geschieht nicht im Schnellverfahren. Da braucht es die Fähigkeit, sich Zeit zu lassen. Die Natur ist da ein schönes Vorbild. Es geht um Verwandlung und nicht um Veränderung. Verändern wollen wir sofort – uns selbst und unser Leben. Doch das Leben lässt sich nicht verändern, sondern nur verwandeln. Die Natur wandelt sich auch. Aber die Wandlungsprozesse der Natur brauchen ihre Zeit.

Neben der Fähigkeit, sich Zeit zu lassen, braucht es aber auch die Fähigkeit, seine Zeit selbst zu bestimmen und zu gestalten. Wer einfach nur alles gleiten lässt, dem entgleitet die Zeit. Er wird in der Zeit nichts vollbringen. Gerade für unsere Arbeit und auch für unser Leben in der Familie ist es gut, sich ganz einzulassen. Dann bin ich ganz in der Zeit und gestalte meine Zeit.

> Seine Zeit selbst bestimmen und gestalten. Wer einfach nur alles gleiten lässt, dem entgleitet die Zeit.

Wer die Zeit einfach verstreichen lässt, in der Hoffnung, dass die Zeit von selbst die Probleme löst, der hinkt ständig seiner Zeit hinterher. Er ist dann nicht mehr Herr seiner Zeit, sondern wird zum Sklaven seiner Zeit. Die Zeit fällt ihm in den Rücken, weil er sie nicht selbst in die Hand nimmt.

Gute Rituale geben meinem Leben Form

Rituale schaffen eine heilige Zeit. Heilig ist das, was der Welt entzogen ist. Die heilige Zeit gehört Gott, und sie gehört mir. Keiner darf darüber verfügen. In ihr habe ich das Gefühl, dass ich selber lebe, anstatt gelebt zu werden. Es ist gut, den Tag mit einem Ritual zu beginnen und mit einem Ritual zu beschließen. Wenn ich jeden Morgen und jeden Abend eine heilige Zeit habe, die ich genießen kann, weil sie mir gehört, wird auch die übrige Zeit nicht zum Hamsterrad werden. Die Griechen sagen: Nur das Heilige vermag zu heilen. Die Rituale sind daher immer auch heilende Rituale. Sie tun mir gut.

> Rituale schaffen eine heilige Zeit. Keiner darf darüber verfügen.

Ein anderer Aspekt: Rituale verbinden uns mit den Wurzeln unseres Lebens und unseres Glaubens. Meine Mutter hat im Alter bewusst die Rituale gepflegt, die sie von ihren Eltern und Großeltern her kannte. Das hat ihr das Gefühl gegeben: Ich bin nicht allein in meinem Alter, ich werde nicht allein sterben. Ich bin getragen vom Glauben meiner Eltern und Großeltern und meiner verstorbenen Geschwister. Ich habe Anteil an ihrer Liebe, an ihrer Kraft. Das hat ihr Vertrauen geschenkt, ihr Leben gut zu leben, trotz aller Altersbeschwerden. Die Rituale haben ihr die Angst genommen vor dem Altwerden und Sterben.

Was ist ein kluges Ritual? Es geht nicht darum, sich unter Leistungsdruck zu setzen. Aber wir können uns etwa fragen: Wie möchte ich meinen Tag beginnen? Und wie möchte ich gerne den Tag beschließen? Die Verhaltenspsychologie sagt: Ob wir ein Ritual durchführen oder nicht, ist nicht Sache der Willensstärke und der Disziplin, sondern Sache der Klugheit. Ich soll also überlegen: Worauf habe ich Lust, wie will ich den Morgen oder den Abend gestalten? Was würde mir guttun? Und was ist realistisch? Wenn ich mir Rituale vornehme und sie dann wieder sein lasse, dann sollte ich mich fragen: War es denn das richtige Ritual? Woran könnte ich das Ritual anbinden, damit es zur Selbstverständlichkeit wird? Wenn ich mir etwa vornehme, den Morgen mit einem Segensritual zu beginnen, dann könnte ich mich fragen: Womit verbinde ich dieses Ritual? Vielleicht ist es am besten, eine Minute lang nach dem Duschen, wenn ich allein im Badezimmer bin, die Hände zu erheben und meine Familie zu segnen und alle Menschen, mit denen ich heute zu tun habe. Das dauert nicht lange. Aber ich werde, wenn ich das tue, den Tag anders beginnen. Und es kann zu einer guten Gewohnheit werden, das Duschen mit dieser Gebärde und diesem Ritual zu beenden.

Rituale können zur guten Gewohnheit werden. Aber es gibt auch ungute Gewohnheiten. Wenn ich etwa abends dreimal kontrollieren muss, ob die Haustüre geschlossen ist, dann wird so eine Gewohnheit leicht zum Zwang, mit dem ich mir selbst schade. Oder aber ich habe die schlechte Gewohnheit, abends den Fernseher einzuschalten und

Gute und ungute Gewohnheiten

herumzuzappen und dabei noch ein Bier zu trinken und etwas zu knabbern. Wenn das zur Gewohnheit wird, dann tut es weder meiner Gesundheit gut noch meiner Seele. Ich gehe dann nicht entspannt ins Bett. Das, was ich durch die Zerstreuung unterdrückt habe, wird sich im Traum wieder zu Wort melden, und ich werde unruhig schlafen. Aber gegen diese schlechte Gewohnheit soll man nicht einfach kämpfen. Der erste Schritt, um davon loszukommen, ist, sich zu fragen: Welche Sehnsucht steckt hinter dieser Gewohnheit? Was möchte ich mit dieser Gewohnheit erreichen? Vermutlich möchte ich abschalten und zur Ruhe kommen. Aber die Frage ist, ob das der richtige Weg ist – oder ob ich dadurch nur etwas zudecke, was ich bewusst anschauen sollte. Ich sollte dann fragen: Welche andere Gewohnheit könnte ich an diese Stelle setzen, die das Ziel des Abschaltens und Zur-Ruhe-Kommens besser erreicht?

Rituale und Gewohnheiten sollten von Zeit zu Zeit auf den Prüfstand kommen. Sind sie noch hilfreich, oder werden sie eher zu einer Belastung? Manchmal haben sie sich im Verlauf der Zeit ihres Sinnes entleert. Sie werden weitergeführt, weil man sich von ihnen eine gute Stimmung erwartet. Aber wenn sie ihren Sinn verloren haben, dann werden sie eher Frustration bewirken. Daher ist es wichtig, nicht nur über die Art und Weise der Rituale, sondern auch über ihren Sinn nachzudenken. Wenn wir unseren Ritualen bewusst einen Sinn geben, dann werden sie auch wieder heilsam sein für uns selbst und für die Menschen, mit denen wir leben.

Muße – Raum der Freiheit und der Hoffnung

Muße ist für manche ein altmodisches Wort oder zumindest ein ferngerücktes Ideal erfüllter freier Zeit. So viel ist klar: Hektische, durch Arbeitsüberlastung gefüllte Zeiten sind ebensowenig mußefreundlich wie ein durch immer neue Aktivitäten ausgezeichneter »Freizeitstress«. Aber auch eine von außen aufgezwungene arbeitsfreie Zeit – wie wir sie etwa in der Arbeitslosigkeit oder bei Kurzarbeit erleben – ist nicht identisch mit Muße. Für das Verständnis von Muße, wie wir es aus der Antike kennen, ist die innere und äußere Freiheit wesentlich. Wenn Muße aber verstanden wird als die Zeit, in der wir über uns und auch über gesellschaftliche

> Für Muße ist die innere und äußere Freiheit wesentlich.

Zwänge nachdenken können, dann können wir auch die arbeitsfreie Zeit, die vielen durch die Umstände aufgezwungen wurde, im Sinne des herkömmlichen Verständnisses von Muße ausfüllen. Wir haben jetzt ja Zeit, uns Gedanken zu machen, ob unser Leben, so wie wir es leben, noch stimmt. Es liegt also auch in dieser Situation an uns, wie wir mit der Zeit umgehen.

Jedenfalls kann die Erfahrung der letzten Zeit uns motivieren: Wir sollten wir überlegen, wie wir unsere Zeit künftig deutlicher in einer Richtung gestalten können, die frei ist von Verzweckung. Je nach Veranlagung des Einzelnen und je nach Lebenssituation gibt es viele Möglichkeiten: nicht nur Nachdenken oder Gespäche über unser Leben, sondern auch: in einer schönen Landschaft einfach nur schauen; musizieren, spielen; das Gespräch mit Freunden; bewusstes Erleben

von Intimität; das ungestörte Lesen eines Buches: Eintauchen in Geschichten, langsames Entziffern eines Gedichts; oder einfach in Stille nachdenken, meditieren; aufmerksames Ausloten eigener Gefühle und Gedanken; abschalten – ganz konkret auch Computer und Handy.

In solchen freien Räumen der Zeit kann sich die Seele in die Schau der Dinge versenken. Muße ist aber nichts Passives. Wir lernen in der Muße zu *leben*. Wir können tiefer ergründen, wer wir sind, worin der Sinn des Lebens besteht. Und in der Muße spüren wir, was stimmig für uns ist. Sie richtet uns aus auf das Wesentliche. Bereits für die Griechen war Muße nicht einfach eine freie Zeit, sondern die Zeit, in der ich innehalte. Das deutsche Wort »innehalten« beinhaltet ein schönes Bild: Ich lege einen Halt ein, um innehalten zu können, damit ich im Inneren die Haltungen entdecke, die mir Halt geben in meinem Inneren.

Religiöse Wurzeln für Muße finden wir in der Bibel: Den Juden war die Sabbatruhe heilig. Die Bibel beschreibt das Wesen der Sabbatruhe: »Am siebten Tag vollendete Gott das Werk, das er geschaffen hatte, und er ruhte am siebten Tag, nachdem er sein ganzes Werk vollbracht hatte« (Gen 2,2). Viele Menschen hetzen von einer Arbeit zur anderen. Dann wird ihre Arbeit nie vollendet. Zur Vollendung und Abrundung der Arbeit gehört die Muße, das Ausruhen. Und noch eine Bedingung ist aus biblischer Sicht für die Muße gegeben. Von Gott heißt es: »Gott sah alles an, was er gemacht hatte: Es war sehr gut« (Gen 1,31). Muße heißt also Zustimmung zur Welt, Zustimmung auch zu dem, was ich

> Religiöse Wurzeln von Muße: Zustimmung zur Schönheit der Welt.

selbst geschaffen habe, Zustimmung zu meinem Leben. Die Griechen übersetzen das hebräische Wort für »gut« mit »kalos« (= schön). Es heißt also: »Gott sah, dass alles sehr schön war.« Muße bedeutet also, das Schöne in der Welt zu entdecken, Sinn für das Schöne zu haben und die Schönheit der Natur und der Kunst zu genießen. Das Schöne zu erfahren, tut der Seele gut. Der russische Schriftsteller Dostojewskij hat das schöne Wort geprägt: »Schönheit wird die Welt retten.« Wenn ich das Schöne wahrnehme, so meint der griechische Philosoph Platon, komme ich in Berührung mit der Schönheit meiner Seele. Meine Seele wird gesund. Martin Walser meint einmal: Wer etwas schön findet, der fühlt sich niemals allein. Das Schöne verbindet mich mit allen Menschen. Indem ich das Schöne wahrnehme, verbinde ich mich mit allen Menschen, die ähnlich wie ich die Schönheit bestaunen.

Muße heißt nicht, sich einfach gehen zu lassen, sondern die freie Zeit auch zu gestalten. Ich soll sie bewusst als Raum der Freiheit wahrnehmen. Ich brauche jetzt nichts zu leisten. Ich bin einfach da. Ich lasse mich auf den Augenblick ein, auf mich selbst, auf die Menschen, mit denen ich zusammen bin, auf die Welt. Ich verzwecke die Zeit nicht, sondern genieße die Freiheit, einmal nichts vorweisen zu müssen. Aber gerade in solchen Augenblicken der Freiheit wachsen die besten Ideen. So ist diese Zeit der Muße oft auch eine kreative Zeit, in der ich Lösungen finde, die nicht durch angestrengtes Nachdenken und auch nicht durch Berechnen gefunden werden. Und in solchen Zeiten kann sich verdichten, was Goethe einmal über die Hoffnung sagt: »Wir

Eine Zeit, in der Hoffnung wächst.

hoffen immer, und in allen Dingen ist hoffen immer besser als verzweifeln. Denn wer kann das Mögliche berechnen?«

Für den, der glaubt, ist die Muße eine Zeit der Hoffnung, dass Gott selbst diese Welt in seinen Händen hält. Muße ist dann Zustimmung zur Welt – voller Hoffnung, dass diese Welt gut ist, dass sie trotz drohendem Klimawandel und trotz der vielen aktuellen Krisen nicht aus der Hand Gottes fällt. Und Muße gibt uns mitten in unserem eigenen Bemühen um eine lebenswerte Welt die Hoffnung, dass Gott selbst für diese Welt sorgt, dass er die Natur durchdringt, sodass sie der Ausbeutung durch den Menschen nicht völlig ausgeliefert ist.

Kontemplation und Aktivität

Das benediktinische Lebensmotto lautet: »Ora et labora.« Da geht es nicht nur um ein ausgewogenes Miteinander von Gebet und Arbeit, sondern auch um eine innere Verbindung. Die Arbeit bekommt eine andere Qualität, wenn sie aus der Quelle des Gebets heraus geleistet wird. Sowohl im Gebet wie in der Arbeit geht es um Hingabe. Wenn ich mich der Arbeit hingebe, dann wird sie auch zu einer Art Gebet. Und dann wird sie mich nicht auffressen.

Gebet und Arbeit haben auch um eine innere Verbindung: Hingabe.

Denn dann führt sie dazu, dass ich mich selbst loslasse. Anstrengend wird die Arbeit, wenn ich mich ständig beweisen muss, wenn es mir immer um mein Ego geht.

So geht es um beides: die nötige Zeit für die Arbeit zu haben, aber sich auch Zeiten für Gebet und Meditation zu reservieren. Natürlich können die Menschen in der Welt die Mönche nicht kopieren, schon weil sie nicht die gleiche Zeiteinteilung haben wie im Kloster. Aber damit sie nicht in der Arbeit aufgehen, ist es gut, sich Zeiten zu reservieren für Gebet und Meditation oder für Rituale. Rituale brauchen keine lange Zeit. Aber wenn ich jeden Morgen mit einer Segensgebärde beginne und mir vorstelle, dass durch meine Hände der Segen Gottes in die Arbeit und zu den Menschen, mit denen und für die ich arbeite, strömt, dann werde ich anders leben. Und wenn ich abends den Tag mit einem Ritual abschließe, kann ich die Arbeit gut loslassen und mich voll Vertrauen in den Schlaf fallen lassen.

Es gibt aber auch die kleinen Rituale während der Arbeit, die sich der Meditation annähern können. Wenn ich spüre, dass ich angespannt bin oder dass mich ein Telefongespräch aufgeregt hat, dann kann ich kurz innehalten und einfach nur dem Atem folgen, wie er kommt und geht. Im Ausatmen kann ich all die negativen Emotionen, die gerade in mir sind, oder die Probleme, um die ich mich zu kümmern habe, loslassen. Ich atme sie gleichsam aus. Und im Einatmen lasse ich neue Energie in mich einfließen. Oder ich kann mir vorstellen, dass im Einatmen Gottes Geist in mich einströmt und mich mit neuer Lebendigkeit, Kraft und Kreativität erfüllt. Dann erneuert mich das Atmen. Jeder von uns atmet. Aber oft tun wir es unbewusst. Wenn wir uns ein paar Augenblicke bewusst auf das Atmen einlassen, wird es uns zur Ruhe führen und in unsere eigene Mitte bringen.

> Meditation heißt: in die eigene Mitte kommen.

Die Meditation, wie sie sowohl in der christlichen wie in der buddhistischen Tradition gelehrt wird, geht immer über den Atem. In der christlichen Tradition verbinden wir den Atem mit dem Jesusgebet. Beim Einatmen sprechen wir leise: »Herr Jesus Christus« und beim Ausatmen: »Sohn Gottes, erbarme dich meiner«. Der Atem, verbunden mit dem Wort, führt uns dann in den wortlosen Raum der Stille auf dem Grund unserer Seele. Man kann den Atem auch nur mit den Worten »Jesus« beim Einatmen und »Christus« beim Ausatmen verbinden. Wir stellen uns dann vor, dass im Einatmen die Liebe Jesu in unser Herz strömt und im Ausatmen den ganzen Leib durchdringt. Wir können die Liebe dann bewusst in die Bereiche unseres Leibes oder unserer Seele strömen lassen, die uns wehtun oder uns unangenehm sind. Dann fühlen wir uns nach so einer Meditation wie verwandelt.

Wenn ich in der Arbeit die gleichen Haltungen lebe, um die es auch im Gebet geht, wie Hingabe und Liebe, dann wird die Arbeit selbst auch zu einem Ort der Lebendigkeit. Früher hat man versucht, eine gute Balance zwischen Leben und Arbeit zu finden. Aber in diesem Versuch hat man die Arbeit eigentlich immer als etwas Fremdes gesehen. Die Arbeit ist gleichsam das notwendige Übel, um leben zu können. Doch wenn Leben und Arbeit so getrennt wären, dann wäre die Zeit der Arbeit keine erfüllte Zeit. Heute spricht man von »new work«. Die Arbeit selbst darf und soll Freude machen als eine gute und erfüllte Zeit. Das wird sie aber nur, wenn ich sie mit Hingabe verrichte und mit Leidenschaft und wenn die gleiche Liebe, die ich beim Gebet empfinde, auch in die Arbeit fließt.

Lebe einfach: Ein neuer Lebensstil

Was »einfach leben« heißt

Was ist einfaches Leben? Einfaches Leben meint nicht armes Leben. Es meint aber auch nicht den edlen »Luxus des Einfachen«, den sich nur »bessere Kreise« leisten können. Einfach leben ist vielmehr die Fähigkeit, sich einfach auf das einzulassen, was gerade ist. Wenn ich mich ganz auf den Augenblick einlasse, dann brauche ich auch nicht viel. Dann bedeutet »einfach« auch, einen einfachen Lebensstil zu leben, aber nicht aus asketischen Gründen. Es heißt, einfach in dem zu sein, was ich gerade tue. Beide Aspekte sind wichtig. Einfachheit ist auf der einen Seite Reduktion von materiellen Ansprüchen, aber auf der anderen Seite auch Intensität des Lebens. Beides gehört zusammen: Die Reduktion führt zur Intensität, und die Intensität ermöglicht es uns, vieles Überflüssige zu lassen und mit weniger zufrieden zu sein.

> Beides ist wichtig: Reduktion von materiellen Ansprüchen, aber auch Intensität des Lebens.

Die Frage, was einfaches Leben ist, stellte sich die Schriftstellerin Leïla Slimani, nachdem sie sich beim Ausbruch von Corona mit ihren Kindern in ein einfaches Haus auf dem

Land zurückzogen hatte, heraus aus einem Leben, das, wie sie jetzt fand, auf »Hypersozialität« basiert: »Manchmal denke ich, man müsste nichts anderes tun als leben. Einfach nur leben. Wäsche aufhängen, meinen Kindern Unterricht geben, ihnen zum hundertsten Mal die Geschichte des kleinen Bären und seines roten Balls vorlesen, kochen, im Gras sitzen und die Bäume anschauen. Man müsste der Stille lauschen, an jene denken, die nicht genug haben, um zu leben und diese Situation zu ertragen« (FAZ vom 21.3.2020).

Eine Frau schrieb, dass gerade die Konfrontation mit dem Tod sie in diesen Tagen der Virusendemie dazu gebracht habe, alle beruflich gewohnte und eingefahrene Hyperaktivität, allen Produktivitätszwang, die gewohnte Mobilität und allen Ehrgeiz loszulassen: »… einfach nur sein, Frühstückstisch decken und wieder abdecken, ein wenig die Sonne, das Grün, die Vögel genießen, was auch immer … – eine neue Dankbarkeit.«

Manchen haben also gerade die einfachen Dinge, die schlichten Verrichtungen dabei geholfen, die Angst zu bestehen. So erzählt eine andere Frau, die wegen ihrer eigenen schwierigen Arbeitssituation zwischendurch nah an der Panik gewesen war, wie sie gerade die erzwungene Reduktion jetzt zur Ruhe kommen lässt: »Ich war wohl noch nie so sehr bei mir, ich schaue derzeit oft eine halbe Stunde aus dem Fenster, habe auch kein schlechtes Gewissen, dass ich irgendetwas versäume oder irgendeine Chance nicht nutze, sondern ich sitze nur da und freue mich an den unterschiedlichen Grüntönen, es ist so still, man muss nichts tun, vermutlich ein Zustand, der mir immer schon entsprochen hätte.«

das tun, was dran ist

Eigentlich steckt in dieser Erfahrung, erlebt unter dem Druck einer extremen Situation, die Einsicht, die spirituelle Meister immer schon mit dem richtigen, sinnvollen Leben verbunden haben: Einfach tun, was ich der augenblicklichen Situation oder dem Mitmenschen schulde. Mich erinnert das an eine berühmte Zengeschichte. Ein eben ins Zen-Kloster aufgenommener Novize sagte zum Zen-Meister Joshu: »Ich bin neu im Kloster, bitte zeig mir den Weg.« Joshu fragte: »Hast du schon gefrühstückt?« Der Novize darauf: »Ja, ich habe mein Frühstück bereits beendet.« Joshu sagte: »Dann geh und wasch deine Essschalen.«

Da ist nicht etwas Besonderes. Er soll einfach das tun, was gerade dran ist. Und jetzt ist dran, dass er sein Essgeschirr spült. Darin beruht die Weisheit des einfachen Lebens, das ganz Gewöhnliche zu tun, zu tun, was gerade im Augenblick dran ist.

> Die spirituelle Weisheit des einfachen Lebens: das Gewöhnliche tun, das, »was dran ist«.

Es ist nicht nur ein Grundprinzip des einfachen Lebens. Spiritualität überhaupt besteht darin, das zu tun, was ich schuldig bin, was ich dem Augenblick schuldig bin, was ich mir, was ich dem Nächsten, was ich Gott schuldig bin. So hat es Jesus in einem Gleichnis ausgedrückt: »Wenn ihr alles getan habt, was euch befohlen wurde, sollt ihr sagen: Wir sind unnütze Sklaven; wir haben nur unsere Schuldigkeit getan« (Lk 17,10). Wir sollen uns also keine großen spirituellen Ziele setzen. Wir sollen tun, was wir dem Augenblick schulden. Das genügt. Spiritualität bedeutet auch nicht, etwas Besonderes zu machen. Man kann es noch einfacher ausdrücken. Spiritualität ist für Jesus: einfach das tun, was dran ist. Wenn ich mich darauf einlasse, erlebe ich das einfache Leben immer auch als ein Leben, das mich erfüllt und mir Frieden schenkt.

Gier oder Lebensfreude

Die Lepraärztin Ruth Pfau, die in Pakistan unter den Armen in einfachsten Verhältnissen lebte, kam immer wieder zu Vorträgen nach Deutschland, wo sie ein wirtschaftlich prosperierendes Land des Überflusses vorfand, aber wirkliche Lebensfreude vermisste: »Wenn ihr euren Luxus wenigstens genießen könntet«, war ihr Stoßseufzer. Der Drang nach immer mehr Wohlstand führt nicht automatisch zur Lebensfreude und zum Genuss.

> Gier ist unersättlich. Sie führt nicht zu Genuss und Lebensfreude.

Gier ist prinzipiell kein Zugang zur Lebensfreude. Der gierige Mensch kann sich an nichts freuen. Er hat es verlernt, zu genießen. Er stopft seine innere Leere zu, entweder mit noch mehr Essen oder mit noch mehr Geld und Reichtum. Aber er wird dadurch nicht zur Ruhe finden. Er kann das, was er gerade isst oder was er gerade gekauft hat, nicht wirklich genießen. Er ist schon bei etwas anderem, das er auch unbedingt braucht, um seine Gier zu befriedigen. Und wenn er das hat, kommt das Nächste. Er bleibt nie bei dem stehen, was er gerade hat, sondern ist immer schon in der Zukunft. Er träumt von dem, was ihn wirklich glücklich macht. Aber wenn er es dann erreicht, fühlt er sich nicht glücklich. Unersättlichkeit hindert ihn daran, das, was er hat, was er gerade spürt, was er gerade tut, wirklich zu genießen.

Daher ist es eine große Weisheit, die zur Zeit Jesu schon viele stoische Philosophen den Menschen verkündet haben: Die wahre Weisheit besteht darin, wenig zu brauchen. Wer wenig braucht, vermag das, was er hat, wirklich zu genießen. Ganz in diesem Sinn sagt auch der Dichter Jean Paul: »Man kann die seligsten Tage haben, ohne etwas anderes dazu zu gebrauchen als blauen Himmel und grüne Frühlingserde.« Wer den blauen Himmel und die grüne Frühlingserde genießen kann, der ist wirklich glücklich. Wer immer noch mehr haben muss oder wer ständig außergewöhnliche Erlebnisse haben muss, der wird vor lauter Gier nicht bei dem stehen bleiben, was er gerade tut. So wird das ganze Leben an ihm vorbeigehen.

Laotse, der große chinesische Weise, hat diese Weisheit in die Worte gefasst: »Wenn du erkennst, dass es dir an nichts fehlt, gehört dir die ganze Welt.« Wenn ich genug habe an dem, was mir Gott geschenkt hat, an meinem Leib und meiner Seele, an den Menschen, mit denen ich lebe, und an

Wenn ich eins mit der Welt bin, gehört sie mir.

den Dingen, die ich besitze, dann gehört mir die ganze Welt. Ich bin einverstanden mit der Welt, und so bin ich auch eins mit ihr. Und wenn ich eins mit der Welt bin, dann gehört sie mir. Ich fühle mich der Welt zugehörig. Aber sie gehört auch mir. In dem einen Augenblick, in dem ich achtsam durch den Wald gehe und den Duft der Bäume rieche, bin ich eins mit der ganzen Welt und letztlich eins mit dem Schöpfer des Alls. Und in diesem Augenblick habe ich das Gefühl: Alles gehört mir. Alles ist auch für mich da, mir gegeben von Gott, der auch mich geschaffen und mich mit seinem Geist erfüllt hat.

Die Frage ist, wie wir es lernen können, nicht alles haben zu wollen. Es gibt in jedem Menschen eine Grundangst, zu kurz zu kommen. Und diese Angst führt zur Gier, die immer mehr möchte. Dieser Antrieb wird gesteigert durch das ständige Vergleichen. Ich sehe, was der andere für ein schönes Auto fährt. Sofort denke ich: Das bräuchte ich auch, um glücklich zu sein. Oder wir vergleichen uns mit dem, was der andere verdient oder welche Wohnung er hat. Sobald wir etwas sehen, was andere haben, meinen wir, wir bräuchten es auch. Wenn wir dieses Bedürfnis nüchtern anschauen, ohne es zu bewerten, dann erkennen wir: Wir haben Angst, zu kurz zu kommen. Wir bekommen nicht genug. Und wenn wir das genauer bedenken, dann ist es letztlich die Angst, nicht genügend Liebe zu bekommen. Wir verbinden das, was wir zu brauchen meinen, mit der mangelnden Liebe, die wir erfahren haben. Aber die mangelnde Liebe kann nicht durch Geld oder andere Bedürfnisbefriedigungen ersetzt werden. Vielmehr soll uns der Mangel an Liebe in die innere Quelle der Liebe führen, die in uns strömt. Dann werden wir diese Liebe zu allem strömen lassen, was wir gerade erleben: auch zu dem Stück Brot, das wir gerade achtsam kauen, zu der Blume in unserem Garten, in den Raum, in dem ich mich gerade befinde. Dann vergleiche ich meine Wohnung nicht mit der großen Wohnung des Nachbarn. Dann spüre ich: Meine Wohnung ist von Liebe und Frieden erfüllt. Ich genieße die Ruhe in meinem Zimmer und genieße, dass es von der Liebe Gottes und von der Liebe meiner Familie erfüllt ist.

> Wie wir lernen können, nicht alles haben zu wollen.

Wirklich genießen kann nur der, der ganz im Augenblick ist. Wer immer schon an die Zukunft denkt, kann die Gegenwart nicht genießen. Daher gilt es, die Kunst zu erlernen, ganz im Augenblick zu sein und das bewusst wahrzunehmen, was ich schaue, was ich höre, was ich rieche, was ich betaste, was ich schmecke. Dann genieße ich die Schönheit der Landschaft, die Schönheit der Musik, das Geheimnis der Worte, die an mein Ohr dringen. Ich genieße den Geruch einer Landschaft, eines Menschen. Ich genieße den Geschmack dessen, was ich gerade esse. Und ich genieße das, was ich betaste: die Zartheit des Grases, das Geheimnis meiner Haut oder der Haut eines geliebten Menschen.

Es geht nicht nur um das Genießen, sondern um die Freude an dem, was ich habe. Freude kann man nicht befehlen. Aber es ist durchaus eine Emotion, für die ich mich entscheiden kann. Ich kann mich entscheiden, mit Freude auf das zu schauen, was ich habe, auf meinen Leib, meine Gesundheit, auf die Freunde und die Familie, auch auf das Haus oder die Blumen. Hans im Glück freut sich nach allem, was er verloren hat, einfach an sich selbst. Er tanzt vor sich hin und fühlt sich glücklich. Das ist die größte Kunst, sich an sich selbst zu freuen. Das ist keine Selbstverliebtheit, sondern Ausdruck der Dankbarkeit für das, was mir Gott jeden Augenblick schenkt. Ich kenne Menschen, die sich nicht mehr freuen können. Das Leid hat sich so tief in sie eingeprägt, dass sie unfähig sind zur Freude. Aber auch das gibt es, dass Menschen, die viel verloren haben, sich an einem Gespräch erfreuen, sich über die Zuwendung freuen, die sie erfahren. Und manchmal freuen sie sich trotz allen Leids an ihrem Leben. Zu dieser

Freude mahnt uns Paulus in der Lesung, die am 3. Advents-sonntag verkündet wird: »Freut euch im Herrn zu jeder Zeit!« (Phil 4,4). Paulus schreibt diesen Satz aus dem Gefängnis. Er ist also selbst in Not, er weiß nicht, ob er jemals wieder aus dem Gefängnis herauskommen wird. Trotzdem freut er sich im Herrn. Der Herr ist bei ihm, er ist ihm nahe. Das ist ihm genügend Grund zur Freude. Wir können Paulus nicht kopieren. Aber vielleicht kann uns seine Erfahrung ermuti-gen, es zu versuchen: dass wir uns in jeder Situation an dem freuen, was dieser Augenblick uns bietet: das reine Sein, die reine Präsenz, die Lebendigkeit und die Liebe, die wir in uns spüren. Das ist dann die Erfahrung, die Paulus mit »Freude im Herrn« beschreibt, eine Freude, die in uns ist, in dem in-nersten Raum der Stille, in dem Christus selbst in uns wohnt.

Was brauchen wir wirklich?

Was macht uns frei? Solange wir keine Medikamente ha-ben, können auch Fragen heilsam sein, schreibt David Grossman im März 2020 in seinem Corona-Tagebuch. Und wird ganz dras-tisch konkret: »Vielleicht erkennen wir, dass die mörderische Epidemie uns Gele-genheit gibt, Fettschichten schweinischer Gier, stumpfen, undifferenzierten Denkens und exzessiven Überflusses von uns abzuschneiden. (Warum zum Teufel haben wir so viel Zeug angehäuft? Warum haben wir unser Leben dermaßen vollgestopft, dass das Leben selbst unter

> Das Leben selbst liegt unter Bergen von Dingen begraben.

Bergen von Dingen begraben liegt, die uns längst keine Freude mehr bereiten?)« (FAZ vom 23.3.2020).

Die Krise hat uns zumindest auch gezeigt, dass wir mit weniger auskommen, als wir bisher gedacht haben. Viele Läden hatten geschlossen, und falls ich nicht exzessives Internetshopping betrieben habe, kann ich mich fragen, was mir wirklich gefehlt hat. Wir kamen ohne Urlaub und ohne Ausflüge aus. Natürlich wäre eine Fortsetzung der Ausgangsbeschränkungen auf Dauer eine wirkliche Reduzierung des Lebens gewesen. Aber wir sollten sehen, was wir aus der Zeit der Beschränkung mit hinübernehmen sollen in die Zeit »danach«. Und da ist sicher die Erfahrung, »dass weniger oft mehr ist«. Weniger unterwegs sein, weniger reisen, weniger Events besuchen tut uns sicher gut. Und wenn uns während der Krise die Wohnung zu eng geworden ist, spüren wir vielleicht auch, dass auch in der Wohnung gilt: »Weniger ist mehr.« Denn oft haben wir die Wohnung zugestellt mit vielen Dingen, die wir angeschafft oder die wir geschenkt bekommen haben. Aber jetzt spüren wir, dass uns die vielen Dinge die Luft zum Atmen wegnehmen. Da wuchs bei manchen das Bedürfnis, die Wohnung zu entrümpeln, um wieder freier atmen können.

Das Wort Ballast war ursprünglich ein Ausdruck aus der Seefahrt. Er bezeichnet die Sandlast, die zur Erhaltung des Gleichgewichts in den untersten Raum des Schiffes geladen wurde. Die Vorsilbe »bal« war ursprünglich wohl »bar«. Dann bedeutet Ballast die bloße Last ohne Handelswert, die Last, die nichts wert ist. Wir schleppen sie mit uns herum, ohne dass wir damit etwas anfangen können.

Wir schleppen in unserem Leben oft inneren und äußeren Ballast mit uns herum. Da ist zum einen der äußere Ballast. Vielleicht ist die Wohnung zu groß, wenn die Kinder ausgezogen sind. Wir tragen den Ballast aber immer noch mit uns. Es kostet uns viel Kraft, das Haus sauber zu halten. Oder wir haben zu viele Dinge im Haus, die zu nichts dienen, auch nicht der Schönheit. Da gilt es, manchen Ballast abzuwerfen.

Wie geht das: äußeren und inneren Ballast loswerden?

Aber wir tragen auch inneren Ballast mit uns herum. Wir tragen alte Verletzungen mit uns herum oder Lebensmuster, die uns nicht guttun – wie unseren Perfektionismus oder die Sucht, uns ständig zu entwerten. Oder es hat sich ein Ballast von negativen Erfahrungen in uns festgesetzt. Wir tragen immer noch schwer an Demütigungen, die wir erlebt haben, an Kritik und Ablehnung, an Übersehenwerden und Abgelehntwerden. Wir werden diesen Ballast einfach nicht los. Er klebt gleichsam an uns. Die Frage ist, was uns helfen könnte, diesen Ballast abzuwerfen. Der erste Schritt wäre sicher, den Ballast erst einmal als Ballast wahrzunehmen. Der zweite Schritt wäre, die Erfahrungen nochmals anzuschauen, aber dann irgendwie loszulassen. Eine Hilfe beim Loslassen kann sein, dass wir uns Steine aussuchen, die symbolisch für einen bestimmten Ballast stehen. Und diese Steine werfen wir dann voller Kraft in einen Fluss oder in einen See. Oder aber wir schreiben den Ballast auf einen Zettel und verbrennen dann diesen Zettel und stellen uns dabei vor, wie auch der Ballast in uns sich langsam auflöst, so, wie das Papier vom Feuer verzehrt wird.

In der Krisenzeit gab es nicht alles zu kaufen. Da wurden wir gezwungen, uns zu fragen, was wirklich notwendig ist. Vielleicht haben wir auch da die Erfahrung gemacht, dass »einfacher« nicht »schlechter« bedeutet und dass weniger mehr ist. Wenn wir einfacher essen oder weniger essen, kön-

»Weniger ist mehr« – ob Besitz oder Konsum.

nen wir besser genießen und den Wert der Speisen intensiver oder neu kennenlernen.

Die Krise hat gezeigt, dass es auch in der Versorgung Engpässe geben kann. Ob es das Toilettenpapier war oder Mehl oder Desinfektionsmittel – auf einmal gab es leere Regale und einen realen Mangel. Das war für viele Menschen neu. Als die Läden geschlossen hatten, war auch das übliche Einkaufsverhalten nicht mehr möglich. Und viele bekamen auf einmal Angst, dass sie das, was sie brauchen, nicht mehr bekommen. Und bei vielen Selbstständigen oder bei denen, die in Bereichen arbeiteten, die zeitweise geschlossen wurden, tauchte eine grundsätzliche Angst auf: davor, dass sie die Miete nicht mehr bezahlen oder die Zinsen für den Hauskredit nicht mehr bedienen können. Es ist die Angst vor einer drohenden Verarmung. Es gilt, diese Angst nicht einfach zu verdrängen, sondern sie anzuschauen und sich zu überlegen: Was kann ich konkret tun, damit ich meinen Lebensunterhalt sichern kann? Muss ich andere Wege gehen bei der Arbeit? Was kann ich mir auf Dauer noch leisten? Und wo muss ich Abstriche machen?

Die kurzzeitig erlebbare Mangelerfahrung in Supermärkten hat uns auf etwas Grundlegenderes hingewiesen: dass wir nicht immer alles haben können, was wir wollen. Die Ressourcen dieser Erde sind begrenzt, und auch die Ressourcen der Produktion und des Handels sind begrenzt. Aber zugleich entdecken wir in der Mangelerfahrung auch die Dankbarkeit für das, was wir haben. Und in der Dankbarkeit spüren wir: Es ist genug. Wir können davon leben. Wir müssen nicht alle unsere Wünsche erfüllen, vor allem nicht unsere extravaganten Wünsche. Wir werden bescheidener in unseren Ansprüchen. Und das tut nicht nur uns gut, sondern auch unserer Umwelt.

Wenn wir frei vom Ballast sind, können wir uns ganz der Gegenwart zuwenden. Dann sind wir offen, das Gute zu genießen und Geschmack an dem zu finden, was wirklich wertvoll ist in unserem Leben: an Freundschaft, an Begegnung, an der Schönheit der Blumen, an der Musik, an guten Gesprächen oder am Lesen.

Vom Glück des Teilens

Jemand hat unsere Konsumwelt einmal mit dem Begriff der »Zuvielisation« beschrieben. Der südamerikanische Befreiungstheologe Ignacio Ellacuría hat dagegen eine »Zivilisation geteilter Genügsamkeit« gefordert. Teilen, wenn wir genug haben – das ist eine befreiende Erfahrung.

Notwendig ist eine »Zivilisation geteilter Genügsamkeit«.

Das Teilen ist daher in der Geschichte des Christentums immer wichtig gewesen. Der Evangelist Lukas hat sein Evangelium für den griechischen Mittelstand geschrieben, für die Kaufleute, Großgrundbesitzer und Handwerker. Er verlangt nicht, dass diese Menschen ihren Beruf und ihren Besitz aufgeben. Aber er spricht immer wieder davon, dass sie ihren Besitz mit den Menschen teilen sollen. So schildert er auch die Urgemeinde. Sie hatten alles gemeinsam: »Jedem wurde davon so viel zugeteilt, wie er nötig hatte« (vgl. Apg 4,32.35). Auch wenn Lukas die Urgemeinde vielleicht etwas zu idealistisch beschreibt, so liegt in seiner Beschreibung doch eine Herausforderung für uns. Wir sind nicht Eigentümer der Erde. Der Besitz ist uns nur anvertraut. Und wir sollen bestrebt sein, das, was die Erde uns an Ressourcen anbietet, gerecht zu teilen.

Ohne Gerechtigkeit gibt es keinen Frieden zwischen den Völkern und den Menschen. Allerdings gibt es keine absolute Gerechtigkeit. Jesus preist die selig, die »hungern und dürsten nach der Gerechtigkeit« (Mt 5,6). Wir sollen also danach streben, die Güter dieser Welt möglichst gerecht zu verteilen. Wenn eine Milliarde Menschen auf diesem Planeten Hunger leiden, obwohl es genügend Nahrungsmittel gibt, so dürfen wir uns mit dieser Tatsache nicht zufriedengeben. Sie ist vielmehr ein Stachel, die Güter dieser Welt gerechter zu verteilen. Und eine gerechtere Verteilung hat zur Konsequenz, dass wir in den reichen Ländern unseren Lebensstil einschränken. Gerechtigkeit dient dem Frieden in der Welt. Wenn alle Menschen das gleiche Recht auf die natürlichen Ressourcen haben, auch auf die Energieressourcen, und wenn die ökologischen Folgekosten annähernd gleich verteilt werden, dann führt das zu einem guten Leben nicht nur für uns, sondern für alle Menschen. Und auf Dauer wer-

> Einfach leben, damit andere leben können.

den wir nur in Frieden leben können, wenn wir nicht auf Kosten anderer leben.

Genügsam zu sein und zu teilen kann freilich nicht »verordnet« werden. Es muss seine Überzeugungskraft in sich selber haben, in seiner inneren Schönheit und ethischen Qualität. Wir müssen es in unserem Leben erfahren: wenn ich meinen Konsum bewusst begrenze, um die Welt zu schonen, oder wenn ich bewusst verzichte, um mehr Gerechtigkeit zu ermöglichen, dann ist das gut. Dann steckt dahinter etwas Positives, etwas, das ausstrahlt.

Wenn wir einfach leben, damit andere leben können, bewirkt das in uns Zufriedenheit und innere Ruhe. In jeder Eucharistiefeier teilen Christen Brot und Wein. Wir üben uns im Gottesdienst darin ein, auch unser Leben und alles, was wir von Gott empfangen haben, miteinander zu teilen.

Bei den Beduinen, die wissen, wie sehr wir alle aufeinander angewiesen sind – aufgrund ihrer Erfahrung mit dem, was es braucht, um in der Kargheit der Wüste zu überleben –, gibt es das Sprichwort: »Gott gibt, damit wir geben.« Geteilte Genügsamkeit als die Bereitschaft zum Teilen, wenn unser Bedarf gedeckt ist, sollte gerade in Gesellschaften, die nicht von Mangel geprägt sind, zu einer selbstverständlichen Haltung werden. Wir »vergeben« uns damit nichts. Denn die Fähigkeit zu teilen ist urmenschlich, genauso wie die Fähigkeit, etwas haben zu wollen. Wenn wir teilen, tun wir etwas Urmenschliches. Geteiltes Wissen und mitgeteilte Begeisterung, geteiltes Leid ebenso wie geteilte Freude – aber eben auch geteilter Reichtum, sie geben unserem Leben eine bessere Qualität.

Das Leben schätzen,
die Natur schützen

Die Corona-Krise hat auch deutlich gemacht, was wir eigentlich immer schon wissen konnten: Wir Menschen sind als biologische Wesen selber in die Natur eingebunden. Unsere Gesundheit und die Gesundheit unserer Ökosysteme hängen zusammen. Papst Franziskus hat in einem Interview mit dem spanischen Journalisten Jordi Évole vom 22. März 2020 davon gesprochen, dass die Coronavirus-Pandemie so etwas sei wie der »zornige Weckruf der Natur, damit wir uns endlich um die Natur kümmern«. Seit der Enzyklika *Laudato si* hat er dieses Thema ins Zentrum gerückt. Wir erkennen, dass die Natur, die Umwelt durch den Rückgang von Schadstoffen in der Corona-Krise auflebte, und freuen uns darüber. Aber zugleich erleben wir die Natur als gleichgültig gegenüber den Todesängsten der Menschen. Die Natur nimmt nicht teil am Schicksal der Menschen. Wie sollen wir mit ihr umgehen? Ist sie Ort der Geborgenheit mitten in unseren Ängsten um unser Leben? Es kommt darauf an, mit welchem Blick wir auf die Natur schauen. Wir können sie betrachten als Schöpfung Gottes. Er lässt seine Schöpfung nicht im Stich. Er wird auch uns nicht im Stich lassen. Zugleich spiegelt uns die Natur unser eigenes Verhalten wider, und wir haben erfahren: Wenn wir unsere Aktivitäten zurücknehmen, kann die Natur aufblühen. Das könnte auch ein Zeichen für die Zukunft sein.

> Wir Menschen sind als biologische Wesen selber in die Natur eingebunden.

Zum einfachen Leben gehört eine gute Beziehung zur Natur. Seit Rousseau haben viele Philosophen das einfache Leben im Einklang mit der Natur gepriesen. Und heute gibt es eine starke Bewegung hin zum einfachen Leben. Gemeinsam ist all diesen Bewegungen die Sorge um die Natur. Die Natur erleben wir als immer mehr bedroht durch Ausbeutung, durch einen zu hohen CO_2-Ausstoß. Die Erwärmung der Erde wird in vielen Gegenden der Welt zerstörerisch wirken. Küstennahe Gebiete werden überflutet, die Wüsten breiten sich aus. Die Erzeugung von Nahrungsmitteln geht zurück. Aufgrund von Sorgen um die Natur hat die Naturschutzbewegung viel Zulauf erfahren.

Auch Naturschutz braucht eine spirituelle Grundlage. Denn wenn wir nur moralisierend auf die Gefahren des Klimawandels aufmerksam machen und nur mit Verboten arbeiten, werden wir es nicht schaffen, die Natur zu schützen. Es braucht auch eine spirituelle Beziehung zur Natur. Denn die Natur ist auch ein wichtiger Ort, an dem wir Gott erfahren können. Nicht im Sinne der Pantheisten, die die Natur mit Gott identifizieren. Die christliche Botschaft spricht vom Panentheismus und meint damit: Gott ist nicht mit der Natur identisch, aber er ist in der Natur zu finden. Er durchdringt die ganze Natur mit seinem Geist, mit einer Kraft, mit seiner Liebe und mit seiner Schönheit. Insofern begegnen wir in der Natur Gott. Lukas hat das in die schönen Worte gekleidet, die er Paulus in den Mund legt und mit denen er sich an Gedanken der stoischen Philosophie anlehnt: »In ihm leben wir, bewegen wir

> Naturschutz braucht eine spirituelle Grundlage.

uns und sind wir« (Apg 17,28). Das bedeutet: Gottes heilende Gegenwart umgibt uns immer und überall, gerade auch in der Natur.

Der Geist Gottes, der die Natur durchdringt, drückt sich in der Schönheit aus. Die Schönheit der Natur ist für die griechischen Philosophen ein Aufscheinen des Urschönen. In der Schönheit nehmen wir etwas von Gott selbst wahr. Wir können die Schönheit rein ästhetisch betrachten – oder aber in einer kontemplativen Haltung. Dann werden wir in der Natur Gott selbst wahrnehmen. Die frühen Mönche – etwa Evagrius Ponticus – nennen das die Mystik der Natur. Wenn ich die Natur mit offenen Augen anschaue, erkenne ich Gottes Liebe und Schönheit darin.

Das führt in der Konsequenz auch zu einem anderen Umgang mit der Natur: Wenn ich ihre Schönheit wahrnehme, dann werde ich sie auch schonen. Denn das Schöne braucht Schonung. Es gilt, das Leben der Natur intensiv wahrzunehmen, ihren Rhythmus zu erfahren, ihre Weisheit zu spüren, ihre Eigenart zu respektieren. Es gibt heute Kurse, bei denen die Menschen sich drei Tage allein an einen Ort in der Natur begeben und schauen, was da in ihnen geschieht. Diese Menschen erleben eine tiefe innere Beziehung zur Natur und ein inneres Einssein mit ihr. Und sie lernen in und von der Natur auch, sich selber besser zu verstehen. Das bewusst zu machen, ist eine große gesellschaftliche Aufgabe der Zukunft, wenn wir weiterhin ein gutes Leben ermöglichen wollen.

Den eigenen Körper erfahren

Die Möglichkeit einer Krankheit lässt uns erleben, dass auch unser Leib anfällig und fragil ist. Heute gibt es zwar ein neues Körperbewusstsein. Viele Menschen versuchen, sich in Fitness-Studios oder durch Joggen und Walking fit zu halten oder ihren Körper zu optimieren. Da kann es freilich passieren, dass sie ihn wie ein Ding behandeln. Ein Unternehmer erzählte mir, bisher habe er seinen Körper wie eine Maschine gesehen, die gut gewartet werden müsse. Aber durch Körperübungen, wie ich sie in Kursen anbiete, habe er zum ersten Mal seinen Körper gespürt. Er hat gespürt, dass er nicht nur einen Leib hat, sondern – wie Karlfried Graf Dürckheim es immer ausgedrückt hat – dass er sein Leib *ist*. Das ist die Bedingung für ein gutes Körperbewusstsein: dass ich meinen Leib lieb gewinne. Teresa von Avila meinte, wir sollten den Leib so behandeln, dass unsere Seele gerne in unserm Leib wohne.

> Unser Leib ist anfällig und fragil – aber auch Tempel des Heiligen Geistes.

Das Leibbewusstsein kann über den Atem gehen. Ich spüre, wie der Atem den ganzen Leib durchdringt. Der persische Dichter Rumi meint, der Atem sei Gottes Liebesduft. Wenn wir uns das vorstellen, dann wohnen wir gerne in unserem Leib. Wir halten ihn nicht nur fit, sondern wir spüren ihn auch. Paulus spricht davon, dass der Leib der Tempel des Heiligen Geistes ist (vgl. 1 Kor 6,19). Mit dem Tempel verbinden wir Schönheit und Weite. Wenn wir dieses Bild in uns eindringen lassen, dann erleben wir uns selber anders.

Körperliche Gesundheit ist nicht alles, wenn wir von einem guten Leben sprechen. Auch Krankheit kann durchaus zur Chance für ein gutes und sinnvolles Leben werden, wenn ich mich von ihr öffnen lasse für das tiefe Geheimnis allen Seins und in Berührung komme mit dem wahren und unverfälschten Selbst. Wir spüren unser Leben, auch wenn wir uns krank fühlen. Aber ganz besonders wird uns die Qualität des Lebens natürlich deutlich, wenn wir uns unserer Gesundheit bewusst sind.

In der Medizin wird von Lebensqualität gesprochen, wenn man von guten Bedingungen für die Gesundheit spricht. Dazu gehört eine nicht belastete Umwelt, aber auch gute soziale Beziehungen, die Vermeidung von seelischem Druck usw. Es auch schon ganz einfache Dinge können für ein subjektives Wohlbefinden und für körperliches Wohlsein hilfreich sein. Dass Bewegung für Leib und Seele gesund ist, haben uns nicht nur die Sportpsychologen gelehrt, das sagt uns jeder Arzt. Und das sagt uns auch der gesunde Menschenverstand. Aber es kommt darauf an, wie ich mich bewege. Ich kann z. B. joggen und das Laufen einfach genießen. Dann tut es meinem Leib und meiner Seele gut. Aber wenn ich ständig auf die Uhr schaue, um möglichst schnell und möglichst viel zu leisten bei meinem Laufen, dann genieße ich nicht, ich setze mich vielmehr unter Druck. Wenn ich mich aber einfach dem Laufen überlasse, dann laufe ich mich frei. Ich spüre mich in meinen Bewegungen. Ich spüre die Natur, durch die ich laufe. Ich fühle mich eins mit der Natur um mich herum.

Bewegung ist Leben. Sie hält uns lebendig, lockert Verspannungen, fördert die Durchblutung und aktiviert, wie die Mediziner heute wissen, auch das Gehirn. Da viele Tätigkeiten heute im Sitzen oder Stehen ausgeübt werden, tut uns die tägliche Bewegung gut. Durch das Laufen werden viele Muskeln aktiviert. Das wirkt sich heilsam auf den ganzen Körper und auf die Seele aus. Außerdem werden durch die Bewegung Endorphine, die sogenannten Glückshormone, ausgeschüttet, sodass auch die seelische Stimmung sich aufhellt.

Bewegung entlastet: Gerade aktive Menschen erfahren eine Quelle der Kraft in der Bewegung. Wenn sie auf einen Berg steigen, kommen sie mit ihrer Energie in Berührung, und trotz der Anstrengung erleben sie eine innere Frische. Neue Kraft strömt in sie ein. Die Sorgen des Alltags sind wie weggewischt. Der Kopf ist wieder frei. Andere fahren nach der Arbeit Fahrrad. Dabei können sie sich freitreten von allem, was sie belastet. Sie genießen die Landschaft mit ihrer Weite und spüren, wie dabei auch das Herz weit wird. In der Schöpfung Gottes ahnen wir etwas von der unerschöpflichen Fülle des Lebens, an der wir teilhaben dürfen.

Erfahrung der Stille

Zum einfachen Leben gehört wesentlich die Stille. Die Stille klärt unseren Geist. In der Stille lernen wir, einfach da zu sein, ohne etwas »bringen« zu müssen. Auf den ersten Blick ist die Stille nutzlos. Da geschieht ja anscheinend nichts. Doch gerade die Stille ordnet unseren Geist. Und die Stille vereinfacht unser Leben. In der Stille sind wir ganz präsent. Da brauchen wir nichts anderes. Und die Stille führt uns in den Grund unserer Seele. Dort sind wir einfach, ohne etwas vorweisen zu müssen. Die Stille führt zum Wesentlichen. Wir erkennen, dass wir mit unseren vielen Aktivitäten oft genug vor uns selbst davonlaufen. Wenn wir uns auf die Stille einlassen, werden wir die Welt mit anderen Augen anschauen. Wir werden erkennen, worum es in unserem Leben eigentlich geht.

> Zeiten der Stille ordnen den Geist. Denn Stille vereinfacht und vertieft unser Leben.

Es gehört daher zu einem guten Leben, für sich selber immer wieder Orte und Zeiten der Stille zu suchen und aus der klärenden Inspiration der Stille zu leben. Wer nicht mit sich in Berührung kommt, wer nicht in seiner Mitte ist, der lässt sich von außen bestimmen. Die vielen Einflüsse von außen machen ihn krank. Wir brauchen die Stille, um wir selbst zu werden und ganz bei uns zu sein. Nur so wird ein menschenwürdiges Leben möglich.

Das gilt nicht nur für den Einzelnen, sondern auch für die Reaktionen in der Gesellschaft auf die Situation der Krise. Br. David Steindl-Rast hat in einem Rundbrief auf die Zerrissenheit der Gesellschaft gerade in der Corona-Krise hingewiesen und geschrieben: »Worte, die nicht aus der Stille kommen, können uns nur noch weiter trennen. Es wird viel Stille brauchen, bis wir aufeinander horchen lernen, und noch länger, bis wir Worte finden, die uns zusammenführen können. Beten wir, dass das Prophetenwort sich nicht an uns erfüllt: ›Durch Stillesein und Vertrauen würdet ihr stark sein. Aber ihr habt nicht gewollt.‹ (Jesaja 30:15)«

Es ist ein interessantes Prophetenwort, das Br. David hier zitiert: Die Stille macht uns stark. Die Stille bringt uns in Berührung mit der inneren Stärke. Und die Stille schenkt uns einen neuen Blick für die Wirklichkeit. Wir erkennen, was uns wirklich miteinander verbindet. Die Stille reinigt unser Inneres, und sie hat eine verwandelnde Kraft. Sie verwandelt unser oft hektisches Leben in ein Leben der Ruhe. Sie befähigt uns, einfach da zu sein, einfach zu leben. Wir kommen mit dem Sein selbst in Berührung. Und so geht uns auf, worum es in unserem Leben eigentlich geht.

Die Mönche sind im 4. Jahrhundert in die Wüste gezogen, um dort einen Ort der Stille zu finden. Ihnen war damals schon die Welt zu laut geworden. Heute ist es schwieriger, im Lärm einer Großstadt Orte der Stille zu finden. Aber wenn es geht, dann sollte man in seiner eigenen Wohnung einen Raum suchen, der vor dem Lärm der Straße geschützt ist. Man kann entweder Schallschutzfenster einbauen oder aber einen Raum für die Stille reservieren, der nicht zur Straße hin liegt. Es ist dann gut, sich solche Zeiten der Stille zu reservieren. Die Stille ist nicht immer angenehm. Denn darin begegne ich mir selbst. Da kommen zuerst viele Gedanken und Gefühle hoch, die ich lange verdrängt habe. Doch wenn ich diese Gedanken und Gefühle anschaue, lerne ich mich selber besser kennen. Aber ich sollte nicht bei diesen Gedanken stehen bleiben, sondern durch sie hindurchgehen in den Raum der Stille, der auf dem Grund meiner Seele schon vorhanden ist, von dem ich aber oft genug abgeschnitten bin. Die Mönche sind überzeugt, dass in jedem Menschen dieser Raum der Stille auf dem Grund seiner Seele da ist. Aber viele haben diesen Raum zugeschüttet mit dem Lärm ihres Alltags, mit tausend Aktivitäten oder ständigem Reden. Sie haben Angst vor diesem Raum, weil er ihnen unheimlich vorkommt. In dem Raum der Stille können sie sich selbst nicht kontrollieren. Den haben sie nicht im Griff.

Aber wenn ich durch alle meine Gedanken und Gefühle, durch meine Leidenschaften und Bedürfnisse hindurchgehe in den Grund meiner Seele, dann kann ich erahnen, dass ich dort, in diesem Raum der Stille, nicht nur auf meine Lebensgeschichte stoße, sondern darüber hinaus auf mein wahres Selbst. Und es ist in der Stille die Ahnung, dass dort ein Geheimnis in mir wohnt, das größer ist als ich selbst.

Diese Erfahrung führt aber immer auch zu einer neuen Selbsterfahrung. Dort, in diesem Raum, erlebe ich mich als ursprünglich und authentisch. Dort lösen sich alle Bilder auf, die andere mir übergestülpt haben, aber auch meine Bilder der Selbstüberschätzung oder Selbstentwertung. Dort habe ich ein Gefühl von Freiheit und Wahrheit. Ich begegne meiner eigenen Wahrheit. Und ich spüre: Alles darf so sein, wie es ist. Ich bin bedingungslos von Gott angenommen. Und in diesem inneren Grund der Seele erlebe ich die Qualität des reinen Seins. Ich *bin* einfach. Ich bin frei von dem Druck, mich rechtfertigen, mich beweisen oder etwas vorweisen zu müssen. Ich bin reines Sein. In diesem reinen Sein bin ich eins mit dem göttlichen Sein. Ich bin nicht Gott, ich bleibe ganz und gar Mensch. Aber im

> Eine neue Selbsterfahrung wird im Raum der Stille möglich.

Grunde meiner Seele erfahre ich ein Einssein mit dem ganz anderen Gott, über den ich nicht verfügen, den ich nicht besitzen kann, sondern dem ich mich nur hingeben kann, um eins mit ihm zu werden.

Achtsamkeit, Staunen, Ehrfurcht

Wir neigen dazu, die Welt, Dinge wie Menschen, unter dem Blick zu sehen, ob sie uns nutzen oder wie sie verwertbar sind. Achtsamkeit, Staunen und Ehrfurcht sind spirituelle Haltungen, die dieser Gefahr entgegenwirken können. Das Staunen ist auch der Beginn aller Philosophie. Das deutsche Wort »staunen« kommt von »stauen« und hat die Bedeutung: stehen bleiben, verwundert blicken. In der Bibel wird oft erzählt, dass die Leute über die Worte Jesu und über seine Wunder staunen. Das griechische Wort »thaumazein« heißt: bewundern, sich wundern. Die Lateiner übersetzen es mit »mirari«. Es hängt auch mit dem Wunder zusammen. Staunen ist also die Fähigkeit, in allem, was ich bewusst anschaue, ein Wunder zu schauen, ein Wunder an Schönheit, ein Wunder an Einmaligkeit. Und ich schaue in allem das Wunder des Geheimnisses, das jedem Ding innewohnt.

Kinder können noch staunen. Sie bleiben bei jeder Blume, bei jedem Käfer stehen und schauen genau hin. Es täte uns gut, wenn wir diese Fähigkeit der Kinder für uns wieder neu entdecken würden. Staunen heißt: das Wunderbare

> Der Gefahr entgegenwirken, alles nutzen und verwerten zu wollen.

im Alltag entdecken, das Wunderbare eines Gesprächs, das Wunderbare, das dieser Mensch darstellt, dem wir gerade begegnen, das Wunderbare dieses Baumes, der Landschaft, des Berges, vor dem wir staunend stehen bleiben. Staunen ist die Fähigkeit, alles, was uns begegnet, auf den Grund des Seins hin transparent werden zu lassen. Das Staunen will die Dinge nicht vereinnahmen. Ich bleibe staunend stehen und lasse die Dinge auch stehen. Ich benutze sie nicht. Ich lasse ihnen das Wunderbare, das Geheimnisvolle.

Das Staunen vor der Schönheit der Welt führt zur Ehrfurcht. »Verlierst du die Ehrfurcht und lässt den Stolz deine Achtung vermindern, dann wird dir die Welt zu einem Marktplatz werden«, sagt der jüdische Religionsphilosoph Abraham J. Heschel. Er ist überzeugt: Ohne Ehrfurcht würde das Leben belanglos. Ein christlicher Denker, Romano Guardini, hat etwas Ähnliches gesagt: »In der Ehrfurcht verzichtet der Mensch auf das, was er sonst gern tut, nämlich in Besitz zu nehmen und für die eigenen Zwecke zu gebrauchen.« Die Ehrfurcht schafft den Raum, in dem der Mensch und die Dinge sein dürfen, was sie sind. Die Würde des Menschen braucht es, dass man Ehrfurcht vor ihr hat.

Der Psychologe Peter Schellenbaum sieht im »Einverständnis mit dem Wunderbaren« die Essenz eines erfüllten Lebens. Dazu gehört ein »spürendes Einverständnis mit der Wirklichkeit«. Durch das Staunen werden wir eins mit dem Wunderbaren, das uns in allem, was wir achtsam bestaunen, begegnet. Das Staunen führt uns in eine neue Tiefe. Wir spüren, dass uns überall das Wunderbare der Gegenwart Gottes umgibt. Im Staunen – so meint Schellenbaum – »empfinden wir das Leben, unsere Begegnungen, die Natur als etwas, das uns schließlich heil macht: als wunderbares Geheimnis, das Wunden heilt« (Schellenbaum 171). So führt das Staunen zu einem guten Leben. Wir fühlen uns immer und überall umgeben vom Wunderbaren. Das gibt unserem Leben einen neuen Geschmack. Wir werden erfüllt von Dankbarkeit, Demut und Liebe.

Suche nach dem Mehr –
Ziel der Sehnsucht, Grund
der Hoffnung

Wo ist Gott? Und wie zeigt er sich?

»Das weltweite Corona-Elend ist zum Heulen. Ich hätte viele Fragen an den lieben Gott.« Das sagte die 80-jährige Sängerin Brigitte Fassbaender auf die Frage der Kulturredaktion einer Zeitung, wie sie mit der durch die Pandemie ausgelösten Krise umgehe. Und nicht nur sie reagiert so. In Situationen, in denen es um Leben und Tod geht, stellt sich für viele die Frage nach Gott in bedrängender Weise. Der allein auf dem leeren, verregneten Petersplatz stehende Papst Franziskus hat die Welt beeindruckt, als er am 27. März 2020 betete: »Wir haben vor deinen Mahnrufen nicht angehalten, wir haben uns von Kriegen und weltweiter Ungerechtigkeit nicht aufrütteln lassen, wir haben nicht auf den Schrei der Armen und unseres schwer kranken Planeten gehört«, so der Papst. »Wir haben unerschrocken weitergemacht in der Meinung, dass wir in einer kranken Welt immer ge-

> Wir dürfen keine Strafphantasien in unser Bild von Gott hineinprojizieren.

sund bleiben würden. Jetzt, auf dem stürmischen Meer, bitten wir dich: Wach auf, Herr!«, sagte Franziskus mit den Worten des Evangeliums (vgl. Mk 4, 35–41).

Der Papst versteht die Krise als Weckruf. Das ist ein anderes Verständnis als die Deutung, die manche konservative Theologen der Krise gegeben haben, wenn sie sagen, dass sie eine Strafe Gottes für unsere Sünden oder für die Zerstörung der Schöpfung sei. Solche Deutungen wissen genau, wer Gott ist und was Gott denkt. Wir können aber nicht wissen, was Gott denkt. Wir können uns nicht über Gott stellen. Wenn die Bibel von der Strafe Gottes spricht, dann dürfen wir nicht an einen kleinkarierten Richter denken, der Lust hat am Strafen. Die Bibel will mit diesem Bild nur sagen, dass wir nicht ungestraft gegen die Wirklichkeit und gegen unsere eigene Wahrheit leben dürfen. In diesem übertragenen Sinn kann man natürlich die Corona-Krise als »Reaktion« oder als »Strafe« des Kosmos sehen. Aber wir müssen uns hüten, unsere Strafphantasien in unser Bild von Gott hineinzuprojizieren.

Wir können uns aber durchaus fragen, was Gott uns mit der Krise sagen möchte. Jesus selber verweist uns darauf, die Zeichen der Zeit zu erkennen. Und auf dem Zweiten Vatikanischen Konzil hat man eine neue Theologie gefordert, die versucht, die Zeichen der Zeit zu erkennen und zu deuten. Es geht also durchaus darum, sich zu fragen, was die Botschaft Gottes für uns ist. Die Zeichen der Zeit sind immer ein Anruf Gottes. Jesus wirft den Menschen seiner Zeit vor, dass sie zwar an den Wolken erkennen kön-

»Die Zeichen der Zeit erkennen«: Was heißt das in Momenten der Krise?

nen, ob es Regen gibt, aber das Entscheidende übersehen. »Das Aussehen der Erde und des Himmels könnt ihr deuten. Warum könnt ihr dann die Zeichen dieser Zeit nicht deuten?« (Lk 12,56). So ist es Aufgabe der Theologie, zu fragen, was Gott uns durch die Zeichen dieser Zeit sagen möchte. Aber immer wenn Menschen eine zu schnelle und selbstsichere Antwort geben, bin ich vorsichtig. Ich kann fragen: Was will Gott uns durch diese Krise sagen? Will er uns auf etwas aufmerksam machen, was wir verdrängt haben? Aber wenn wir darauf eine Antwort versuchen, sollten wir uns immer bewusst sein, dass wir in diese Antwort unsere eigenen Gedanken hineinprojizieren. Manche konservative Theologen projizieren in ihre Antwort ihr Machtbedürfnis hinein. Sie möchten Macht ausüben über die Menschen, indem sie ihnen Angst machen. Und vielleicht mischen sich in ihre Antwort auch Rachebedürfnisse oder das Bedürfnis nach Rechthaberei. Daher sollten wir in aller Demut fragen, was Gott uns durch die Krise sagen möchte.

Wenn ich so frage, dann könnte ich durchaus Antworten heraushören wie: Es ist eine Herausforderung, sich auf das Wesentliche zu konzentrieren. Oder: Es ist eine Anfrage an unseren Lebensstil. Und wir könnten diese Erfahrung als Aufforderung verstehen, das Alltägliche zu transzendieren auf einen tieferen Grund hin und unser Leben daraufhin zu öffnen. Besteht der Sinn unseres Lebens nur darin, dass es uns gut geht? Oder gibt es einen Sinn jenseits der irdischen Bedürfnisse? Der Glaube könnte uns mitten in der Krise vermitteln, dass wir nicht alleingelassen sind, dass wir gehalten sind von Gott, dass sein Geist in uns wirkt und uns die nötige Energie und Phantasie schenkt, diese Krise zu bewältigen und aus ihr zu lernen.

Für Jesus sind die Zeichen der Zeit immer eine Aufforderung zur Umkehr, zur »metanoia«, zum Umdenken (vgl. Lk 13,1–5). Wir sollen unsere gewohnten Denkweisen hinterfragen und uns in ein neues Denken einüben, in ein Denken, das hinter das Vordergründige schaut und über das hinausgeht, was wir bisher in unserem Leben vorfinden. Umdenken hat immer mit einem neuen Denken zu tun. Die Krise ist daher immer ein Aufruf zur Erneuerung im Denken und im Handeln. Insofern ist es angemessen, die Krise als Weckruf zur Umkehr und zum Umdenken zu verstehen. Wir sollen in unserem Umgang mit der Schöpfung und miteinander umdenken und uns fragen: Wie will Gott, dass wir mit seiner Schöpfung und mit seinen Geschöpfen umgehen?

Die Frage »Wo ist Gott?« konnte gerade in den Zeiten der Krise auch eine positive Antwort erfahren. Gott war in diesen kritischen Zeiten für viele erfahrbar in allen Zeichen der Liebe, der Solidarität und Aufopferung. Eine besonders eindrucksvolle Geschichte las man in der *Zeit* (vom 26.3.2020). Iulian Urban, 38, ein Arzt aus der Lombardei, der vor der Krise ein überzeugter Atheist gewesen war, beschreibt zunächst den »Albtraum« in dem völlig überlasteten Krankenhaus, wo die Ärzte kaum mehr helfen können, sondern zu »Sortierern am Band« geworden sind, die entscheiden müssen, wer leben darf und wer zum Sterben nach Hause geschickt werden muss. Aber dann erzählt er: »Vor neun Tagen kam ein 75 Jahre alter Priester zu

Gott erkennen auch in den Zeichen der Liebe und Solidarität.

uns. Er war ein freundlicher Mann, hatte ernsthafte Atemprobleme, brachte aber eine Bibel mit. Es beeindruckte uns, dass er sie den anderen vorlas und den Sterbenden die Hand hielt.« Dieser Priester gehörte selber zur besonders gefährdeten Risikogruppe. Und der Arzt schreibt weiter: »Gestern ist der 75-jährige Priester gestorben. Obwohl es in unserem Krankenhaus innerhalb von drei Wochen über 120 Todesfälle gab und wir alle erschöpft und verstört sind, hat es dieser Priester trotzdem geschafft, uns einen FRIEDEN zu bringen, den wir nicht mehr zu finden hofften.« Dieser Arzt schließt für sich: »Wir müssen erkennen, dass wir Gott brauchen ... und können es noch gar nicht glauben, dass wir als Atheisten jetzt jeden Tag auf der Suche nach Frieden sind.« Und er folgert: »Ich ... möchte meinen letzten Atemzug erst machen, nachdem ich anderen geholfen habe. Ich bin froh, zu Gott zurückgekehrt zu sein ...«

Wo war Gott? Und wo ist er? Diese Geschichte gibt die Antwort: Gott war in den Menschen, die Leid erlebten und Angst erfuhren. Aber er zeigte sich auch in denen, die diesen Menschen nahe waren, die sich selbstlos für andere aufopferten. Er war in allen, die sich ihm im Gebet geöffnet haben und die auch andere Menschen in ihr Gebet hineingenommen haben. Er war in allen, die Liebe und Solidarität gelebt und die die Hoffnung lebendig erhalten und anderen Frieden gebracht haben.

In Gottes Hand

Zu einer realistischen Sicht des Lebens gehört die Erfahrung bzw. die Einsicht, dass wir ganz viel von dem, was uns im Leben begegnet oder widerfährt, nicht selber bestimmen können. Wir können auch nicht alles kontrollieren, weder unser eigenes Leben noch das unserer Kinder. Viele müssen bei plötzlichen Krankheiten oder unerwarteten Schicksalsschlägen leidvoll erfahren, dass sie ihr Leben nicht so »in der Hand« haben, wie sie glaubten oder wünschen. Eine allgemeine Hybris wäre es, zu glauben, dass wir Menschen generell quasi die Herren der Schöpfung seien. In der Corona-Krise haben wir – als Einzelne und als Gesellschaft – abrupt genau diese Erfahrung gemacht: dass wir eben nicht die Herren dieser Welt sind. Ein Virus kann das ganze Gefüge der Menschheit, das wir uns aufgebaut haben, ins Wanken bringen.

> Wir haben unser Leben letztlich nicht selbst in der Hand.

Manche meinen dann, die Welt sei in der Hand böser Mächte. Wir Christen glauben, dass sie in der Hand Gottes ist. Aber Gott ist eben nicht festzulegen auf ein Bild, das wir gerne hätten: der barmherzige und gute Gott, der gütige Vater, der für uns sorgt. Dieses Bild wurde durch die Krise erschüttert. Und manche tun sich daher schwer, an Gott zu glauben. Aber in wessen Macht steht die Welt dann? Ist sie einem unbegreiflichen Schicksal unterworfen, der Willkür von Viren und Bakterien, der Willkür von Naturkatastrophen, von Vulkanausbrüchen und Tsunamis? Das ist zumindest auch kein angenehmes Bild.

Vertrauen auf Gott bedeutet nicht, dass Gott alle unsere Wünsche erfüllt, dass er auf unser Bitten hin die Krise sofort stoppt. Vertrauen auf Gott heißt vielmehr, dass wir bei allem, was uns widerfährt, auch wenn wir es ganz und gar nicht verstehen, in Gottes Hand sind. Das bedeutet nicht, dass uns keine Krankheit oder kein Tod erfassen könnte. »In Gottes Hand sein« bedeutet vielmehr, dass wir auch in der Krankheit und im Tod nicht aus seiner liebenden Hand fallen können. Unser innerster Kern ist geschützt. Er wird jede Krankheit und jeden Tod überstehen. Wir als Person sind in Gottes Hand. Und dieses innerste Wesen unserer Person kann keine Krise, keine Katastrophe und kein Tod zerstören.

Sich nicht festkrallen im Irdischen

Der Mainzer Kardinal Lehmann schreibt in einem geistlichen Testament von 2018, wir hätten uns »tief in die Welt und das Diesseits vergraben und verkrallt, auch in der Kirche«. Er sagt: Die Erneuerung müsse tief aus Glaube, Hoffnung und Liebe kommen, und er verweist dabei auf Paulus. Von Paulus stammt auch das Wort »haben, als hätte man nicht«. Paulus formuliert es im Zusammenhang mit der Frage, ob ein Christ heiraten solle oder nicht. Der Christ kann beides, so sagt Paulus. Aber dann ermahnt er die Gemeinde: »Die Zeit ist kurz. Daher soll, wer eine Frau hat, sich in Zukunft so verhalten, als habe er keine, wer weint, als weine er nicht, wer sich freut, als freue er sich nicht, wer kauft, als würde er nicht Eigentümer, wer sich die Welt zunutze macht, als nutze er sie nicht; denn die Gestalt dieser Welt vergeht« (1 Kor 7,29–31). Die Exegeten meinen, dieser Text zeige den Einfluss der stoischen Philosophie. Auch Epiktet spricht ja von »haben, als hätte man nicht«. Der Unterschied ist, dass Paulus als Begründung die Kürze der Zeit angibt. Die Zeit vergeht schnell. Bald ist die Wiederkunft Christi. Und in dieser kurzen Zeit soll man sich nicht an die Welt festkrallen. Epiktet und mit ihm die stoische Philosophie propagieren die innere Distanzierung vom äußeren Schicksal. Das Ideal der stoischen Philosophie ist die »ataraxia«, das Freisein von Bedrängnis und Erschütterung. Dieses Ideal wurde später auch von den Mönchen übernommen, etwa von Evagrius Ponticus. Er spricht von »apatheia«, vom Freisein vom pathologischen Verhaftetsein an die eigenen »pathe« (= Leidenschaften). Cicero und Seneca sprechen von der »tranquillitas animi«, von der »Ruhe der Seele«.

Es geht also um mehr als um Haben oder Nichthaben, es geht um eine grundsätzliche Haltung der Welt gegenüber.

Eine Haltung des Glaubens und der Freiheit: Haben als hätte man nicht.

Wir leben in der Welt, sind aber, wie das Johannesevangelium sagt, nicht von der Welt. Der Mensch verwirklicht sein Wesen, wenn er die Welt gestaltet, aber auch dadurch, dass er innerlich frei ist der Welt gegenüber. Er wird nicht beherrscht von der Welt, d. h. von seinen eigenen Leidenschaften und Emotionen oder von der Gier nach Reichtum oder vom Streben nach Anerkennung und Erfolg. Zu einem guten Leben gehört diese innere Freiheit der Welt gegenüber. Das hat Jesus uns immer wieder verkündet, davon sprechen Paulus, das Johannesevangelium, die frühen Mönche und auch die stoische Philosophie. Wir sollten uns fragen, welche Konsequenzen das für uns heute hat: für unseren Umgang mit Sachen, mit Geld, mit Eigentum – und auch für unser Verhältnis zu anderen Menschen.

Wenn Jesus vom Reich Gottes spricht, dann meint er auch diese innere Freiheit. Die Frage ist, wer in mir herrscht: meine eigenen Bedürfnisse und Wünsche und die Erwartungen der Menschen – oder Gott. Jesus sagt: »Das Reich Gottes ist in euch« (Lk 17,21). Wenn Gott in mir herrscht, bin ich wahrhaft frei, frei von der Herrschaft dieser Welt, frei von der Herrschaft von Menschen. Viele meinen, sie seien frei. Aber sie sind innerlich nicht frei. Sie stehen ständig unter Druck, diesem oder jenem Menschen zu gefallen, nach seiner Pfeife zu tanzen. Sie sind abhängig von Zuwendung oder Ablehnung. Die wahre Würde des Menschen ist die innere Freiheit. Und diese Freiheit kommt in der Haltung des »Haben, als hätte ich nicht« zum Ausdruck.

Seelenfrieden und Sehnsucht

Es gibt Menschen, die mit allem unzufrieden sind, denen man nichts recht machen kann. Wenn jemand einfach zufrieden ist mit dem, was wir ihm anbieten, dann erleben wir ihn als einen angenehmen Menschen. Es ist schön, wenn wir mit einem solchen Menschen zusammen sind, der darüber hinaus mit sich und mit seinem Leben spürbar zufrieden ist. Vermutlich war auch er nicht immer zufrieden.

Zufriedenheit meint nicht Sattheit.

Aber er ist in seinem Leben immer mehr zum Frieden gekommen. Das Wort »Zu-friedenheit« bedeutet ja eine Bewegung. Denn die Vorsilbe »zu« bedeutet eine zweckhafte Bewegung auf ein Ziel hin. Zufriedenheit meint also: zum Frieden kommen. Wir haben den Frieden nicht als Besitz. Es ist vielmehr eine ständige Aufgabe, zum Frieden zu gelangen, aus dem Unfrieden zum Frieden, aus der Unzufriedenheit zur Zufriedenheit zu finden. Doch die Vorsilbe »zu« kann auch eine Ruhelage bezeichnen. So sagen wir von jemandem, er sei zu Hause. So kann Zufriedenheit auch einen Zustand der Ruhe und des inneren Friedens bezeichnen.

Frieden gibt es nicht ohne Liebe. Nur wenn wir einander lieben, können wir in Frieden leben. Das gilt auch für den inneren Frieden. Wir sind mit uns selbst im Frieden, wenn wir uns schonen, anstatt uns ständig zu bewerten und zu beurteilen. Und wir kommen in Frieden mit uns selbst, wenn wir freundlich und wohlwollend umgehen mit uns selbst und wenn wir uns frei fühlen. Solange wir beherrscht werden von unseren Bedürfnissen, solange wir uns ärgern über uns selbst und über unsere Schwächen, so lange können wir keinen inneren Frieden finden. Frieden heißt – wenn wir die deutsche Bedeutung ernst nehmen –, dass in dem geschützten Raum unserer Seele und unseres Leibes alles sein darf. Es gehört zu uns. Aber es beherrscht uns nicht. Alles, was wir in uns sein lassen, ermöglicht uns ein Leben in Freiheit. Wir stehen nicht unter dem Druck, uns in eine bestimmte Form hineinzuzwingen. Wir schauen frei auf alles, was in uns ist. Und wir schonen es, wir bewerten es nicht.

Von dieser Bedeutung des Wortes »Frieden« aus ist es nicht mehr weit zum inneren Frieden, zum Seelenfrieden. Seelenfrieden ist ein religiöser Begriff. Er meint, dass der Mensch innere Ruhe gefunden hat. Dieser Seelenfrieden bedeutet, dass wir mit unserer Seele im Einklang sind, dass wir freundlich umgehen mit den Regungen unserer Seele. Sie dürfen alle sein. Wir kämpfen nicht dagegen. Wir halten sie alle im geschützten Raum unseres befriedeten Bereiches. Die Germanen stellen sich vor, dass Friede und Freiheit nur in einem geschützten, in einem befriedeten Bereich möglich sind. Die christlichen Mystiker haben diese Idee übernommen. In uns ist auf dem Grund unserer Seele ein geschützter, ein befriedeter Bereich. Dort darf alles sein. Dort sind wir frei gegenüber allen Emotionen, gegenüber allem, was sich in unserer Seele regt. Denn in diesem inneren Raum der Freiheit herrscht Gott. So sind wir frei von der Herrschaft unserer Leidenschaften und Bedürfnisse, und wir sind frei von der Herrschaft der Erwartungen anderer Menschen.

Wenn wir inneren Frieden als Ziel guten Lebens erkennen, heißt das: Es ist eine ständige Aufgabe für uns, dass wir immer wieder aus dem Unfrieden in diesen Frieden kommen, aus der Unzufriedenheit zur Zufriedenheit. Allerdings gibt es auch eine satte Zufriedenheit. Dann will man seinen Zustand zementieren. Nichts darf meinen Zustand stören. Fremde sind dann unerwünscht. Sie könnten ja meine Zufriedenheit stören. Die satte Zufriedenheit kann zur Trägheit werden: Man hat sich im Leben eingerichtet, aber man erwartet nichts Neues mehr. Es gibt auch eine gute Unzufriedenheit, die mir zeigt, dass ich auf meinem inneren Lebensweg noch weiter gehen soll, dass ich immer wieder aufbrechen soll aus alten Mustern und Gewohnheiten. Die gute Unzufriedenheit hält mich lebendig, während die negative Unzufriedenheit mich vom Leben abhält. Die gute Unzufriedenheit ist immer mit Sehnsucht gepaart. Die Sehnsucht kann Ja sagen zu einem Leben, das nicht alle meine Wünsche erfüllt. Ich bin dann zufrieden auch mit meinem durchschnittlichen Leben. Aber ich setze mich nicht fest. Die Sehnsucht weitet vielmehr mein Herz. Sie zeigt mir, dass mein Leben über das Vordergründige hinausgeht. In der Sehnsucht habe ich teil an der Weite des unendlichen Gottes. Die Sehnsucht zielt letztlich auf etwas, was jenseits aller irdischen Erfüllungen liegt.

> Sehnsucht ist keine Weltflucht. Sie lässt uns die Welt als das erleben, was sie ist: als Schöpfung Gottes.

Wenn ich mit meiner Sehnsucht in Berührung bin, dann wird mein Leben intensiver. Marcel Proust sagt einmal: »Die Sehnsucht lässt alle Dinge erblühen.« Wenn ich eine Blume mit Sehnsucht anschaue, dann erkenne ich ihre wahre Schönheit. Und diese Schönheit weist hin auf das Urschöne, auf Gott. Die Sehnsucht ist keine Flucht aus dieser Welt heraus, sondern sie lässt uns die Welt als das erleben, was sie ist: Schöpfung Gottes, von Gottes Schönheit und Liebe durchdrungen. Der österreichische Schriftsteller und Arzt Arthur Schnitzler meint einmal: »Die Sehnsucht ist es, die unsere Seele nährt, und nicht die Erfüllung.« Die Sehnsucht nährt unsere Seele. Sie hält sie lebendig, damit sie sich ausstreckt nach dem, was jenseits des Sichtbaren ist. Sie stärkt unsere Hoffnung, gibt uns den Mut, weiterzugehen, der inneren Kraft zu trauen und nicht in Resignation zu verharren. Und

das gehört wesentlich zum Menschen, dass er über sich hin-
auswächst, dass er aufbricht in das Unbekannte, in das, was
Gott ihm zutraut und verheißen hat.

Wohin das Gebet reicht

Zu den vielen Fragen, die in der Krise auftauchen, gehören
auch diese: Wie kommt Hilfe aus dem Gebet? Und was,
wenn ich nicht mehr beten kann? Manche klagen sich an,
dass sie nur dann zu Gott beten, wenn sie in Not sind. Aber
es ist gut, wenn sie in der Not zu Gott schreien. Dann lehrt
die Not beten. Die Not zeigt, dass ich sie nicht allein bewältigen kann. Insofern entspricht es dem We-
sen der Not, dass ich Ausschau halte nach
einem, der mich aus meiner Not befreien
könnte. Martin Luther hat aus dem Psalm
130 ein schönes Lied gedichtet, und Johann

»Aus tiefer Not schrei
ich zu dir ...«: Lehrt Not
beten?

Sebastian Bach hat dazu eine Kantate komponiert: »Aus tiefer Not schrei ich zu dir, Herr Gott, erhör mein Rufen.«
Wenn ich in tiefer Not bin und mich darin als ohnmächtig
erlebe, bleibt mir nur das Schreien. Es ist das Einzige, was ich
noch tun kann gegen meine Ohnmacht und Hilflosigkeit.

Manche meinen, sobald sie gebetet hätten, müsse Gott
doch reagieren. Er soll mich doch aus der Not erretten. Und
dann sind sie enttäuscht, wenn ihre Krankheit doch nicht
geheilt wird oder wenn ein lieber Mensch dennoch stirbt.
Dann meinen sie, das Gebet habe nicht geholfen. Aber sie
machen die Wirkung des Gebetes davon abhängig, ob ihre

Wünsche und Vorstellungen erfüllt werden. Doch darum geht es beim Beten nicht in erster Linie. Das Beten bringt als Allererstes uns selbst in eine andere Verfassung. Wir fühlen uns im Gebet nicht allein. Wir können uns in unserer Not an Gott wenden. Im Gebet wächst dann zum einen die Hoffnung, dass Gott unser Beten hört und in uns etwas Heilsames bewirkt. Und zum anderen lernen wir durch das Gebet, uns auf Gottes Willen einzulassen.

Wir dürfen Gott mit unseren Bitten und Wünschen bedrängen. Wir geben in diesen Bitten unsere eigene Bedürftigkeit zu. Aber zugleich steht am Ende jedes Gebetes: »Dein Wille geschehe!« Das ist keine Resignation, sondern darin steckt das Vertrauen, dass es gut für mich wird, ganz gleich, wie die äußeren Dinge laufen. Diese Bitte gibt mir Gelassenheit.

Hoffnung, Vertrauen, Gelassenheit.

Als ich selbst mit Nierenkrebs im Krankenhaus lag, habe ich natürlich gebetet, dass Gott mich heilt durch die Kunst der Ärzte. Aber zugleich führte mich die Bitte »Dein Wille geschehe!« auch zu einer tiefen Gelassenheit: Ganz gleich, wie es ausgehen wird, es wird für mich gut sein.

Das Gebet gibt mir selbst Hoffnung und Vertrauen und Gelassenheit. Doch auch für die Menschen, für die ich bete, geschieht etwas. Einmal werde ich ihnen mit mehr Hoffnung begegnen. Das Gebet hilft mir, ihnen Worte zu sagen, die wirklich helfen. Wenn wir einem Kranken sagen, dass wir alle – Freunde und Bekannte – für ihn beten, dann fühlt er sich getragen vom Gebet. Und diese Erfahrung wiederum kann sich positiv auf sein Immunsystem und auf die Heilung seiner Krankheit auswirken. Aber neben diesen eher psychologischen Wirkungen dürfen wir vertrauen, dass Gott auch ein Wunder wirken kann. Wir sollen immer auf ein Wunder hoffen, aber zugleich sollen wir nicht enttäuscht sein, wenn das Wunder, das wir uns vorstellen, nicht eintrifft. Trotzdem hat das Gebet einen Sinn. In ihm strömt nicht nur unsere positive Energie zum Kranken, sondern – wie wir glauben – auch Gottes Liebe.

Was machen Menschen, die nicht mehr beten können? Wenn mir das jemand sagt, frage ich ihn immer, was er sich unter Gebet vorstellt. Oft meinen die Menschen, sie müssten fromme Worte sagen. Ihnen fallen aber keine frommen Worte ein, oder sie kommen ihnen unecht und unwahrhaftig vor. Wir müssen, wenn wir beten, aber gar keine Worte machen. Es genügt, das, was ich in mir empfinde an Sehnsucht, an Not, an Leid, an Verzweiflung Gott hinzuhalten. Es kann helfen, einfach die Hände zu einer offenen Schale zu formen und sich vorzustellen: Alles, was mich bewegt, was ich gar nicht in Worte fassen kann, was mich niederdrückt, was mich bedrängt, das halte ich Gott hin und stelle mir vor, dass seine heilende Liebe in das Chaos meiner Gefühle und Gedanken einströmt. Dann bin ich nicht allein mit meiner Not. Ich halte sie Gott hin, bringe sie in Beziehung zu ihm, auch wenn ich ihn mir gar nicht vorstellen kann, auch wenn ich nicht das Gefühl habe, dass er jetzt da ist. Aber allein die Vorstellung, dass ich meine Wahrheit einem anderen, dem fernen und unbegreiflichen Gott hinhalte, verwandelt schon meine Beziehung zu meiner gefährdeten Wirklichkeit.

> Und wenn ich nicht mehr beten kann?

Eine andere Antwort, die ich dem, der nicht beten kann, gebe, ist: Du kannst nicht beten. Aber du möchtest gerne beten. Du sehnst sich danach, beten zu können. Dann würde ich mit Augustinus antworten: Deine Sehnsucht ist schon Gebet. In der Sehnsucht nach Glaube ist schon Glaube, in der Sehnsucht nach Gott ist er schon da. Und die Sehnsucht nach Gebet ist schon Gebet. In der Sehnsucht strecken wir die Hände nach Gott aus, auch wenn er uns unbegreiflich und fremd vorkommt.

In der Liebe leben

Wenn wir Liebe in uns spüren, dann haben wir etwas von Gott verstanden, dann haben wir teil an ihm. Er ist die Liebe, die uns umgibt und die in uns ist. Er ist ein Du, das uns gegenübertritt. Und wir begegnen ihm auch in unseren Mitmenschen. Ein alter Mönchsspruch aus dem 4. Jahrhundert lautet: »Hast du deinen Bruder gesehen, hast du Gott gesehen.« Wenn ich den Mitmenschen mit den Augen des Glaubens anschaue, so spiegelt sich in seinem Gesicht das Antlitz Gottes. Jesus selbst sagt seinen Jüngern, dass sie gerade im Armen, im Obdachlosen, Nackten und Fremden Christus selbst sehen (vgl. Mt 25,31–40). Und sie sollen daher den Nächsten wie Christus selbst behandeln. Der hl. Benedikt führt diese Lehre Jesu weiter, wenn er von den Mönchen fordert, dass sie in jedem Bruder und in jeder Schwester Christus sehen sollen. Wie ist das zu verstehen?

Die zentrale Aussage der Bibel: Gott ist Liebe.

Natürlich ist der historische Jesus einmalig. Er ist nicht in den Menschen verkörpert, denen ich begegne. Aber das Bild Jesu ist in jedem Menschen. Oder ich kann auch sagen: Jeder Mensch ist Bruder oder Schwester Jesu, er hat etwas von der Würde Jesu an sich. Ich soll also nicht auf die oft harte und spröde Fassade des Bruders oder der Schwester schauen, sondern durch sie hindurch auf den Grund der Seele. Und auf dem Grund der Seele ist in jedem ein göttlicher Kern, ist Jesus Christus als sein innerstes Selbst.

Nächstenliebe ist kein moralisches Gebot, sondern auch ein Weg, Gott selber zu erfahren – im Bruder und in der Schwester. So hat es der erste Johannesbrief verstanden, wenn er schreibt: »Liebe Brüder, wir wollen einander lieben, denn die Liebe ist aus Gott, und jeder, der liebt, stammt von Gott und erkennt Gott. Wer nicht liebt, hat Gott nicht erkannt; denn Gott ist die Liebe« (1 Joh 4,7f). Für Johannes ist also die Liebe zum Bruder oder zur Schwester ein Zeichen, dass wir aus Gott geboren sind, dass wir Anteil haben an Gott. Sie ist für ihn ein Ort der Gotteserfahrung. Denn Gott *ist* Liebe. Johannes führt diesen Gedanken noch weiter: »Gott ist die Liebe, und wer in der Liebe bleibt, bleibt in Gott, und Gott bleibt in ihm« (1 Joh 4,16). In der Liebe bleiben bedeutet also: in Gott bleiben, in ihm sein, in ihm leben. Wenn wir Liebe zu einem Menschen spüren, ist in dieser Liebe schon göttliche Liebe, da haben wir schon teil an Gott selbst. In unserer menschlichen Liebe schöpfen wir letztlich aus der Quelle der göttlichen Liebe. Wer sich dem Bedürftigen zuwendet, der begegnet Gott selber: Was ihr dem Geringsten tut, habt ihr mir getan. Wenn

> Nächstenliebe als Weg der Gotteserfahrung.

wir ernst nehmen, dass Gott selbst liebende Zuwendung ist, dann führt das zu einem neuen Daseinsgefühl. Dann leben wir nicht mit dem schlechten Gewissen, das uns ständig antreibt, den Nächsten noch mehr zu lieben. Vielmehr leben wir im Raum der göttlichen Liebe. Wir leben in der Liebe. Wenn wir uns dessen bewusst werden, dann strömt die Liebe von allein auch zu den Menschen um uns, ja die Liebe strömt auch in die Natur hinein und verbindet uns mit allem, was ist.

Diese Erfahrung von Liebe will sich natürlich auch konkret ausdrücken in der Hinwendung zu den Menschen. In der Krise haben wir diese Liebe bei vielen Ärzten, Krankenschwestern und Pflegern wahrgenommen. Sie haben nicht viel über die Liebe nachgedacht. Sie haben sie einfach gelebt. Sie spürten, dass sie nicht anders können. Aber in dieser konkreten Liebe zu den Kranken und Hilfsbedürftigen haben sie etwas von Gottes Liebe geahnt. Sie haben gespürt, dass in ihnen eine Quelle der Liebe ist, aus der sie schöpfen, ohne erschöpft zu werden, weil diese Quelle göttlich ist.

Eine neue Mystagogie

Wenn wir fragen, wie wir heute Jesus begegnen können, wo die Erinnerung an ihn in besonderer Weise gegenwärtig wird, dann ist die Antwort: Vergegenwärtigung Jesu geschieht auch im Lesen der Bibel – und nach dem Wort Jesu auch da, wo zwei oder drei in seinem Namen versammelt sind: Da ist er mitten unter ihnen (vgl. Mt 18,20). Für

Wo die Erinnerung an Jesus vergegenwärtigt wird.

mich als katholischen Mönch ist zudem die Eucharistie der Ort, an dem das Wirken Jesu in besonderer Weise vergegenwärtigt wird, an dem wir Anteil haben an seinem Tod und seiner Auferstehung. Christen glauben: In der Kommunion werden wir eins mit Christus und in Christus eins mit der Gemeinschaft der Gläubigen. Während der Corona-Krise war es nicht möglich, an der Eucharistiefeier in der Kirche teilzunehmen. Die Gläubigen konnten per Internet bzw. im Fernsehen oder Radio daran teilnehmen. Aber dann bleiben sie distant und mehr oder weniger in der Zuschauerrolle. Manche Menschen, die sich mit unserer Abtei verbunden fühlen, haben in der Übertragung durch den Livestream diese Verbundenheit mit uns gespürt. Aber andere erzählten mir, dass die Übertragung eines Gottesdienstes, an dem außer dem Priester nur ein paar Sänger und Vorleser teilnahmen, keine Gemeinschaft gestiftet habe. Da haben sie schmerzlich erfahren, dass die Eucharistie die konkrete Gemeinschaft braucht. Das Wort Jesu »Wo zwei oder drei in meinem Namen versammelt sind, da bin ich mitten unter ihnen« ist nicht leicht über das Internet zu spüren.

Während der Krise haben sich neben der Teilnahme über das Internet andere Formen entwickelt, das Geheimnis der Eucharistie erfahrbar werden zu lassen. Manche haben eine spirituelle Mahlfeier im Kreis der Familie oder der Freunde gehalten. Das war nicht einfach eine Mahlzeit. Sie haben bewusst ein Ritual entwickelt. Einer hat das Brot gebrochen und dabei gebetet: »Wir brechen das Brot in Erinnerung daran, dass Christus am Kreuz

Neue Rituale und Zugänge zur Eucharistiefeier.

für uns zerbrochen wurde, damit wir nicht zerbrechen an dem, was uns immer wieder durchkreuzt, damit wir nicht zerbrechen an dieser Krise, sondern aufgebrochen werden für unser wahres Sein, aufgebrochen werden füreinander und für Gott.« Dann hat man das gebrochene Brot schweigend weitergereicht und in Erinnerung an Jesu Mahl mit den Jüngern langsam gegessen. Ähnlich hat einer den Kelch mit Wein emporgehalten und ein Gebet gesprochen, etwa so: »Wir erinnern uns daran, dass Christus seine Liebe, die stärker ist als der Tod, den Jüngern im Wein gereicht hat. So wollen wir im Wein die Liebe Jesu trinken, dass sie uns erfüllt und miteinander verbindet.«

Es ist klar, dass diese Form kein Ersatz ist für die Feier der Eucharistie, wie sie die katholische Kirche unter dem Vorsitz eines Priesters sakramental feiert. Aber erstens erinnert dieses Ritual an die Praxis der frühen Christen, von denen Lukas sagt: »Tag für Tag verharrten sie einmütig im Tempel, brachen in ihren Häusern das Brot und hielten miteinander Mahl in Freude und Einfalt des Herzens« (Apg 2,46). Zum anderen sind das Formen der Frömmigkeit, wie sie im Laufe der Kirchengeschichte immer wieder entwickelt worden sind. Es gab in der Kirchengeschichte Zeiten, in denen vielen die Teilnahme an der Eucharistie nicht möglich war. Dann hat die Volksfrömmigkeit den Glauben im Leben des Volkes vertieft und letztlich auch weitergegeben, oft mehr als die offizielle Liturgie der Kirche. So könnte die Krise uns herausfordern, nach neuen Formen der Volksfrömmigkeit zu suchen, die das, was die Kirche in der Eucharistie feiert, auch in den Alltag hinein übersetzt.

Diese Formen sind kein Ersatz für die Eucharistiefeier. Aber sie können das, was in der Eucharistiefeier geschieht, in anderer Weise in der Familie erfahrbar werden lassen. Früher wurde der Glaube vor allem in der Familie weitergegeben. Daher sollten wir auch Phantasie entwickeln, wie das heute auf neue Weise geschehen kann, in einer Zeit, in der gerade viele Kinder mit der Eucharistie nicht mehr viel anfangen können. Dann könnten solche privaten Mahlfeiern auch wieder einen neuen Zugang zur Eucharistie in der Kirche vermitteln.

Es braucht heute eine neue Form von Mystagogie, von Einweisung in das Geheimnis der Eucharistie. Eucharistie ist Verwandlung, nicht nur Verwandlung von Brot und Wein in den Leib und das Blut Christi, sondern Verwandlung unseres Lebens. Wir halten unser Leben mit allen Höhen und Tiefen, mit allen Umwegen und Irrwegen Gott hin, damit er es durch seinen Geist verwandelt und mit göttlicher Liebe durchdringt. Diese Verwandlung gipfelt dann in der Kommunion, in der wir eins werden mit Christus und miteinander. Wenn uns in der Kommunion Christus selbst mit seiner Liebe und seinem Geist durchdringt, können wir zu unserem wahren Selbst finden. Und wenn Christus mit uns eins wird, werden wir eingeladen, auch mit uns selbst eins zu werden, einverstanden zu sein mit unserem Leben, und eins zu werden mit den Menschen, mit denen wir feiern. Das Ziel der Verwandlung ist es, immer mehr zu der einmaligen Person zu werden, als die Gott mich geschaffen hat.

Wir brauchen neue Formen der Mystagogie.

Und die Eucharistie ist nach gläubigem Verständnis auch Teilnahme am himmlischen Hochzeitsmahl. Sie öffnet den Himmel über uns und lässt uns teilhaben an der himmlischen Liturgie. Und sie vermittelt uns die Gemeinschaft mit den Engeln und Heiligen, auch mit all den Menschen, die wir gekannt haben und die jetzt gestorben sind. Die Erfahrung der Gemeinschaft mit den Verstorbenen gibt unserem Leben einen neuen Geschmack. Wir leben nicht allein, sondern sind getragen von der Gemeinschaft, mit der wir Eucharistie feiern, und von der Gemeinschaft derer, die vor uns gelebt haben und jetzt als Vollendete mit uns feiern. Wir haben so in jeder Eucharistie teil an den Wurzeln unseres Glaubens, und wir haben teil an der Überwindung des Todes. Wir spüren: Auferstehung bedeutet, dass die Liebe stärker ist als der Tod. Wir fallen im Tod nicht aus der Liebe heraus, weder aus der Liebe Gottes noch aus der Liebe der Menschen, die wir und die uns geliebt haben.

Aber eines ist in der Zeit der Krise auch deutlich geworden: Die Eucharistie darf nicht isoliert für sich gesehen werden. Die Liturgie braucht als wesentliche Ergänzung die Diakonie, den Dienst an den Menschen. Und für viele Christen war in der Zeit der Krise der Dienst für die Menschen ihr eigentlicher Gottesdienst. Da haben sie immer wieder die Nähe Jesu gespürt und haben aus seinem Geist heraus gehandelt.

Und jetzt? Wächst das Rettende auch?

Lernerfahrungen, die bleiben

Wird alles, wie es war – nur schlimmer? So fragen manche, und andere warten nur darauf, dass alles wieder möglichst schnell »hochgefahren« wird. Sie hat nur interessiert: Wann ist Reisen wieder erlaubt? Wann werden die Flugzeuge wieder abheben? Wann haben welche Geschäfte endlich wieder auf? Welche Millionen-Unternehmen bekommen Millionen-Unterstützung? Die Sehnsucht nach Normalität ist verständlich. Es wäre aber schade, wenn alles so weiterginge wie vor der Krise. Dann hätten wir nichts aus der Krise gelernt. Wir würden wieder in den Tag hineinleben, unsere Augen verschließen vor den Problemen unserer Welt, vor dem Klimawandel, vor den Gefahren der Globalisierung, auch vor der so gerne übersehenen oder geleugneten gegenseitigen Abhängigkeit, die uns die Krise aufgezeigt hat. Die Greenpeace-Chefin Jennifer Morgan formulierte die Hoffnung, dass sich die Dinge grundlegend ändern, so: »Was wir gerade erleben, ist ein Moment für die Zukunft.« Freilich geschieht nichts von selbst. Der österreichische Philosoph Konrad Paul Liessmann hat auf diesen entscheidenden Punkt hingewiesen: »Wer sich und die Welt ändern will, sollte sich nicht auf ein Virus verlassen. Das ist und bleibt *unsere* Aufgabe.«

Es liegt an uns, wie wir den Moment nutzen. Die Aufgaben liegen vor uns. Genau wie das Virus ist auch der Klimawandel zunächst unsichtbar. Bei der Corona-Krise haben wir auf die Wissenschaftler gehört. So täte es uns auch gut, beim Klimawandel auf die Einsichten der Wissenschaftler zu hören und sie genauso ernst zu nehmen, wie wir das bei unserem Umgang mit dem Virus getan haben. Leider sind wir in der Vergangenheit oft erst durch Katastrophen klug geworden. Bei der Überschwemmungskatastrophe vor einigen Jahren war es ähnlich: Vorher dachte man, die Sicherheitsvorkehrungen würden genügen. Erst als die Dämme brachen, hat man konsequente Schutzvorkehrungen ergriffen. Der Schock, den die Corona-Krise ausgelöst hat, hat nun auch dazu geführt, dass radikale und vorher schlechterdings nicht vorstellbare Maßnahmen getroffen wurden, um einer unmittelbaren Gefahr zu begegnen. Das sollte uns auch zu wirksamen kreativen Lösungen animieren in Bezug auf Gefahren, deren größte Auswirkungen noch ausstehen: den Klimawandel, der die Zukunft unseres Planeten und die Lebensgrundlagen künftiger Generationen bedroht, und das Flüchtlingsproblem, das das Leid unzähliger Menschen in ungerechten Lebenssituationen gerade in armen Regionen der Welt offenlegt. An uns liegt es, ob und wie der Wandel gelingt.

> Krisenmomente sind Momente für die Zukunft. Aber nichts geschieht von selbst.

Ich möchte noch andere Themen ansprechen, die uns zu einem bewussteren Leben einladen. Die Krise hat uns dazu gezwungen, mehr Distanz zueinander zu haben. Das war in der Krise notwendig. Und wir haben vielleicht auch bitter erfahren, dass die Nähe anderer Menschen fehlte. Aber wenn wir nach der Krise diese persönliche Distanz zu anderen Menschen beibehalten würden, würde die Gesellschaft immer kälter und die Menschen immer einsamer und isolierter. Es braucht beides: Nähe und Distanz. Nach der Krise sollten wir auch die Nähe wieder zulassen. Wir brauchen sie und das Gefühl von Zusammengehörigkeit.

Bleibende Einladung zu einem bewussteren Miteinander.

In der Krise ist die Angst voreinander gewachsen: Andere Menschen könnten mich anstecken. So war eine negative, nicht nur distanzierte, sondern manchmal sogar feindliche Haltung anderen Menschen gegenüber zu spüren. Wenn wir diese Angst voreinander und die Tendenz zur Abgrenzung auch in die Zeit nach der Krise mitnehmen würden, dann wäre das fatal. Dann wäre ein gutes Miteinander in der Gesellschaft unmöglich.

Wir haben in der Krise neue Möglichkeiten der Kommunikation gelernt. Das haben viele als sehr positiv erlebt. Viele haben Kontakt aufgenommen zu alten Freunden, die weit weg von ihnen wohnen. Man hat sich füreinander interessiert. Aber wenn nach der Krise die Kontakte nur noch auf virtuelle Kontakte beschränkt würden, hätten wir auch etwas Wesentliches verloren: die Begegnung von Mensch zu Mensch, das Erfahren einer heilsamen Nähe, die persönliche

Ausstrahlung von Menschen, die uns guttun. Ich wünsche mir, dass vor allem *drei Lernerfahrungen,* die wir in der Krise gemacht haben, auch nach der Krise noch wirksam bleiben.

Eine Erfahrung ist die Erfahrung einer größeren Solidarität. In der Krise haben z. B. viele jüngere Leuten alten Menschen geholfen, einzukaufen, und auch auf andere Weise für sie gesorgt. Und die Krise hat gezeigt, dass sich die Mehrheit der Gesellschaft an die Beschränkungen gehalten hat. Das war auch ein Zeichen von Solidarität. Mein Wunsch und meine Hoffnung ist, dass diese Solidarität weitergeht: dass wir also unser Herz weiten und nicht in der Enge der Angst verharren. In der Krise haben wir erfahren, dass wir alle aufeinander angewiesen sind. Nach der Krise sollten wir die Solidarität weiter positiv sehen: Mit den Gedanken und Gefühlen, mit denen ich am Morgen in den Tag hineingehe, präge ich auch die Gesellschaft. Von meinem Bruder, der Quantenphysiker ist, habe ich gelernt: Für die Quantenphysik ist klar, dass wir in der Tiefe alle miteinander verbunden sind. Unsere Gedanken und Gefühle haben auch Einfluss auf andere Menschen, ja sogar bis in die Materie hinein. Dieses Gespür, dass wir mit allem, was wir tun und denken, verantwortlich sind für das Wohl und Wehe der Menschen um uns herum, ja der ganzen Welt, könnte zu einem neuen Miteinander führen. Hans Jonas hat in seinem bereits erwähnten Hauptwerk *Das Prinzip Verantwortung* klargemacht: Wir sind füreinander und für die Zukunft der Welt verantwortlich. Das gilt gerade auch für den Klimawandel.

> **Die Erfahrung einer größeren Solidarität sollte weiterwirken.**

Eine weitere Lernerfahrung, die wir in der Krise gemacht haben, war: Plötzlich war es ernst. Plötzlich haben wir die Gefahr selber gespürt. Es ging nicht um etwas weit Entferntes. Es betraf hautnah unsere ganz eigene Wirklichkeit. Und so ist eine neue Nachdenklichkeit entstanden. Wir haben uns Gedanken gemacht über den Sinn unseres Lebens. Wir haben darüber nachgedacht, was für uns wesentlich ist. Und wir haben darüber nachgedacht, ob unser Weise zu wirtschaften und unsere Art zu leben auf die Dauer gut sind für die Gesellschaft und für unsere natürliche Mitwelt. Wir haben unsere eigene Begrenztheit erfahren und gemerkt, dass wir nicht alles kontrollieren können.

Wir spüren: Es ist ernst. Das ermöglicht eine neue Nachdenklichkeit.

Ich wünsche mir, dass diese Nachdenklichkeit über unser Leben weiter wirksam bleibt und in den Menschen eine kreative Phantasie entsteht, wie wir in Zukunft gut leben und wie wir unsere Wirtschaft und unser Miteinander gestalten können.

Die dritte Lernerfahrung bezieht sich auf die Spiritualität. Viele Menschen haben in der Krise gespürt, dass es noch etwas anderes geben muss als nur Besitz, Erfolg, Konsum, Vergnügen; dass es wichtiger ist, bei sich zu sein und dem anderen wirklich in der Tiefe zu begegnen, statt ständig zu fragen: Wer hat mehr? Wer ist besser? Das macht das Leben schwierig und führt zu einer ständig angespannten Existenz. Viele haben in sich die Sehnsucht gespürt nach Transzendenz, nach einem Getragensein von etwas Größerem, nach einem Geheimnis, das uns umgibt, nach einem Segen, der uns einhüllt wie ein schützender

Eine neue Offenheit für spirituelle Tiefe.

Mantel. Es gab nicht nur zahllose kulturelle Angebote, die den geistigen Hunger der Menschen ansprachen. Auch die spirituellen Angebote, die die Kirchen in dieser Zeit gemacht haben, sind von vielen dankbar angenommen worden, auch von Menschen, die sonst nicht in die Kirche gehen. Offensichtlich haben die Menschen erfahren, was Friedrich Hölderlin in die berühmten Worte gekleidet hat: »Nah ist und schwer zu fassen der Gott. Wo aber Gefahr ist, wächst das Rettende auch.« Es ist die Erfahrung, dass wir in der größten Not etwas spüren oder zumindest erahnen, was die Not verwandeln kann. Und dieses Ungewisse und Unbegreifliche, das wir erahnen, das nennen wir Gott. Manche werden sich mit dem Wort »Gott« schwertun. Aber es ist zumindest eine Ahnung da von etwas Größerem, das rettet, das befreit. So hoffe ich, dass diese Offenheit für das Religiöse, für die spirituelle Erfahrung, die uns in der Tiefe der Seele berührt, weiter besteht.

Eine andere Welt, ein anderes Leben ist möglich

Eine Gefahr der Krise bestand auch darin, dass wir nur noch über Corona diskutiert haben. Andere wichtige Probleme dieser Welt kamen zu kurz oder wurden aus dem Bewusstsein verdrängt: die weiterhin drohende atomare Gefahr, der fortschreitende Klimawandel, die Situation der Flüchtlinge an der türkischen Grenze oder in den griechischen Lagern, die Kriege in Syrien, in Libyen oder im Jemen, die Heuschre-

Probleme, die die Menschheit betreffen

ckenplage in Afrika, die Ungerechtigkeit den indigenen Völkern gegenüber, wie sie momentan in Brasilien offen ausgelebt wird, weltweit himmelschreiendes Elend durch Armut und Hunger – eine Situation, in der auch viele Kinder leiden.

Es ist wichtig, dass wir die Konsequenzen aus der Corona-Krise ziehen: für unser Gesundheitssystem, für unser Wirtschaften und für unser Miteinander. Aber genauso wichtig ist, dass wir die Augen wieder öffnen für die anderen Probleme, die auch die ganze Menschheit betreffen. Manche Länder werden von Politikern geführt, die meinen, sie könnten den Klimawandel verdrängen oder ignorieren: Das sei das Problem anderer Länder. Die Corona-Krise hat gezeigt, dass Verdrängungen dieser Art nicht mehr möglich ist. Wir sind in allem miteinander verbunden. Was ein Land auf dieser Erde tut, das berührt auch die anderen Länder. So hoffe ich, dass eine neue Verantwortung füreinander wächst.

In der Europäischen Union haben sich die einzelnen Staaten abgeschottet. Jeder hat die eigenen Probleme zu lösen versucht. Doch nach der Krise und angesichts der epochalen Herausforderung braucht es ein neues Nachdenken, wie Europa als Staatengemeinschaft füreinander einsteht und solidarisch umgeht mit den Nöten der einzelnen Länder, auch über den eigenen Staatenverbund hinaus. Und wir haben in der Krise gespürt, dass länderübergreifende Maßnahmen effektiver sind, als wenn jeder nur für sich selbst plant. Europa ist mehr als ein Wirtschaftsraum. Es ist mit der ganzen Welt verbunden. Und so müssen wir nach der Krise auch neu nachdenken, wie wir diese Gemeinschaft in Zukunft verstehen und gestalten wollen.

»Diese Zeit erlaubt kein Vergessen«, hat Papst Franziskus in seiner eindrücklichen Osterbotschaft in einem fast leeren Petersdom gesagt und die Europäische Union zu mehr innerer Solidarität ermahnt. »Gleichgültigkeit, Egoismus, Spaltung und Vergessen sind wahrlich nicht die Worte, die wir in dieser Zeit hören wollen.« »Wir müssen neue Wege einschlagen«, so mahnte Papst Franziskus auch. Nur so können wir unsere Situation verwandeln.

Verwandlung tut not – und sie kann gelingen. Die Krise hat die Welt verändert – und es war nicht nur eine äußere Veränderung. Sie hat auch in den Köpfen und Herzen der Menschen eine Verwandlung bewirkt. Das Denken hat sich gewandelt, das Gefühl füreinander hat sich gewandelt. Die Verwandlung der Gesellschaft in vielen Ländern durch die äußere Krise gibt Hoffnung, dass auch nach der Krise Verwandlung möglich ist.

> Verwandlung ist mehr als Veränderung. Gerade darin liegt Hoffnung.

Verwandlung ist mehr als Veränderung. Veränderung bezieht sich auf etwas Äußeres. Ich ändere Regeln, ich ändere Vorschriften und Strukturen. Aber den Menschen kann ich nicht so leicht verändern. Denn im Verändern steckt auch eine gewisse Aggression. Ich will ein anderer Mensch werden. Alles muss ganz anders werden. Das bedeutet auch: So, wie ich bis jetzt bin, bin ich nicht gut. Und die Gesellschaft ist so, wie sie ist, nicht gut. Doch Veränderung erzeugt oft Widerstand, wenn wir uns nicht angenommen fühlen. Verwandlung dagegen meint einen inneren und einen langsamen Prozess, so wie ihn uns die Natur ständig vor Augen führt. Und Verwandlung meint, dass sich die Mentalität, die Denkweise, das Miteinander wandelt. Verändern kann man durch bewusste Aktionen, Verwandlung ist ein Geschehen, das oft unsichtbar bleibt. Man kann nur nach einiger Zeit feststellen: Dieser Mensch hat sich gewandelt. Er ist nicht mehr so hart und arrogant. Er ist weicher geworden und demütiger. Oder die Gesellschaft hat sich gewandelt. Man merkt es, dass eine andere Sprache gesprochen wird, nicht mehr eine so aggressive, sondern eine versöhnende und verbindende Sprache.

Verwandlung ist ein Geschehen, das Gott in uns wirkt. Aber wir haben auch das Unsere dazu beizutragen, was uns selber und was die Gesellschaft angeht. Verwandlung verlangt eine innere Offenheit für das Neue, das in uns wachsen möchte. Und sie verlangt auch ein Abschiednehmen von manchen alten Gewohnheiten, an denen wir krampfhaft festgehalten haben. Und Verwandlung wird auch durch äußere Veränderungen unterstützt.

Verwandlung geschieht nicht über Verurteilen und Bewerten, und auch nicht über die Forderung, die anderen müssten sich ändern. Verwandlung geschieht vielmehr über die Annahme des Lebens, so wie es ist, über die Annahme der Menschen. Wir sind leicht in Gefahr, zu bewerten, mit dem Finger auf andere zu zeigen, Fremden die Schuld zuzuweisen und zu urteilen: »Die Chinesen sind schuld an der Krise« oder: »Die Amerikaner sind schuld daran«. Mit solchen Schuldzuweisungen geschieht keine Verwandlung. Das führt vielmehr zu Selbstrechtfertigung und gegenseitiger Anklage, zu Ausgrenzung und Hass. Es verhindert Solidarität und gemeinsame Verantwortung zur

Verwandlung der Situation. Verwandlung heißt zuerst: Ich versuche, den Menschen – oder das Land, das Volk, die Gesellschaft – so anzunehmen, wie sie sind. Ich würdige ihre Wirklichkeit. Aber ich erkenne auch, dass wir noch nicht die Gestalt gefunden haben, die unserem Wesen entspricht. Verwandeln kann ich nur das, was ich angenommen habe. Das, was wir ablehnen, bleibt an uns hängen. Das gilt für den Einzelnen, aber auch für die Gesellschaft. Verwandlung hat auch mit Glauben zu tun. Ich glaube daran, dass dieser Mensch, diese Gesellschaft, dieses Land sich wandeln kann. Ich hoffe darauf, dass in den Menschen und Völkern ein Prozess der Verwandlung in Gang kommt, sodass wir menschlicher, achtsamer und liebevoller miteinander umgehen.

Tun, was dran ist: gelassen und engagiert

Was ist nun die persönliche Haltung, die wir in und nach Zeiten der Krise brauchen? Ist Ruhe angesagt oder Zupacken? Wenn Gelassenheit bedeutet, dass wir alles so weiterlaufen lassen, dann wäre das die falsche Haltung. Es braucht ein mutiges Zupacken, um unser Leben nach der Krise so zu gestalten, dass es zum Segen wird für die Menschen. Doch das mutige Zupacken darf nicht von Hektik geprägt sein. Ich habe in den letzten Jahren erlebt, dass Führungskräfte voller Hektik ihre Firma ständig um-

Beide Pole sind wichtig: Kraft kommt aus der Ruhe

strukturierten. Doch die Mitarbeiter wurden immer unzufriedener, und der Firma ging es immer schlechter. Wir brauchen beide Pole: den Mut, anzupacken und Lösungen zu suchen, aber auch die ruhige Gelassenheit. Die wahre Kraft kommt aus der Ruhe. In der Ruhe überlege ich erst einmal, worum es geht. Und dann denke ich über Lösungswege nach. Und Gelassenheit ist die Haltung, alles auch im Licht der Geschichte zu sehen. Wenn wir die Corona-Krise im Licht der vielen Seuchen sehen, die die Menschen in Europa heimgesucht haben, dann können wir auch die aktuelle Krise besser einordnen. Gelassenheit lässt uns dann mit Kraft dort zupacken, wo es für die Menschen nötig ist. Diese Haltung schützt uns auch davor, dass wir uns mit unseren Lösungsstrategien selbst profilieren wollen. Gelassenheit zeigt mir, was für das Ganze Segen bringen kann. Denn sie bedeutet letztlich, das eigene Ego loszulassen, sich in den Dienst der Gemeinschaft und der Sache stellen, anstatt sich selbst zu profilieren. Ich will nicht imponieren. Ich denke nicht nur an meinen persönlichen Vorteil. Nicht mein Image ist wichtig. Ich werde durchlässig für etwas Größeres, und ich habe das Vertrauen, dass auch andere von dieser Haltung berührt werden, dass sie sich angesprochen fühlen und neue Einsichten finden.

Dass auch bei Wandlungsprozessen in der Gesellschaft nicht alles schnell geht, darauf müssen wir uns einstellen. Der Klimaforscher Hans Joachim Schellnhuber hat von der »strategischen Geduld« gesprochen, die es braucht, um Einschränkungen zu ertragen, die nicht sofort und

Notwendig sind »strategische Geduld« – und Konsequenz im Handeln.

unmittelbar durchschlagende Folgen zeigen. Die Geduld wird dann, wenn sie in Fleisch und Blut übergeht und stabil, also zu einer Haltung geworden ist, zu einer Tugend, die das Ziel im Blick hat, aber nichts überstürzt und auch nicht vorschnell verzweifelt, weil sie auch warten kann.

»Tun, was dran ist« – das ist die spirituelle Haltung aus dem Geist Jesu, eine Haltung, in der Engagement und Gelassenheit, Ruhe und Konsequenz zusammengehen: Wenn wir ein Projekt mit Hektik beginnen, verlieren wir uns oft in der Betriebsamkeit, aber wir kommen nicht voran. Gelassen anzufangen bedeutet: in aller Ruhe einen Plan zu machen und den dann in aller Konsequenz durchzuführen.

Phantasie als Anker für die Zukunft

Die realen Probleme unserer Gegenwart sind nicht nur durch die Corona-Epidemie gegeben, sie reichen darüber hinaus: Hungersnöte, Kriege, Waffenhandel, Raubbau an den natürlichen Ressourcen, Klimaveränderung. Im Gegensatz zur Corona-Epidemie sind diese Gefahren oft weit weg, sie erreichen uns höchstens über die Medien. Papst Franziskus hat in einem Artikel in der Zeitschrift *Vida nueva* im April 2020 gesagt: Um das alles aus dem richtigen Geist anzugehen, dazu brauche es »eine neue Vorstellungskraft« und nicht nur »Realismus«. Es gehe letztlich »um eine nachhaltige und integrale Entwicklung der ganzen Menschheitsfamilie«.

Wir brauchen Glaubensphantasie, Hoffnung und eine neue Vorstellungskraft

Es ist nicht nur die Vorstellungskraft, die wir brauchen, um die Wirklichkeit dieser Probleme an uns heranzulassen. Es ist auch Glaubensphantasie, die unsere Hoffnung stärkt, weil sie überzeugt ist, dass das Unmögliche möglich wird, und uns so Mut und Vertrauen schenkt. Kreativität und Phantasie brauchen wir als Einzelne, aber auch als Gesellschaft, um Probleme lösen zu können. Weil es nicht nur um unsere unmittelbare Gegenwart geht, sondern um die lebenswerte Zukunft der Generationen nach uns, müssen wir unsere Vorstellungskraft bemühen, die Folgen unseres Handelns bedenken und fragen, wie das gemeinsame Haus der Erde auch künftig bewohnbar bleibt. Dafür ist es notwendig, dass das Gefühl der Solidarität mit allen wächst, die heute und in Zukunft von den Problemen betroffen sind. Dazu ist aber auch Empathie mit den jungen und mit den noch ungeborenen Menschen notwendig.

Wir brauchen dazu eine neue Sicht auf das gemeinsame Wohl, ein Ethos für die eine Welt. Hans Küng hat vor Jahren das »Projekt Weltethos« initiiert. Es ist gut, über dieses Projekt von Neuem nachzudenken. Für Küng war es wichtig, dass alle Religionen und Vertreter aller Kulturen sich zusammentun und gemeinsam ein Ethos erarbeiten, das für alle Menschen auf der ganzen Welt gilt. Er legte bei diesem Projekt Wert darauf, dass gerade die Religionen eine wichtige Aufgabe dabei haben. Denn alle Religionen haben ähnliche Werte wie Liebe, Barmherzigkeit, Gerechtigkeit. Die Religionen haben zwar jeweils andere Schwerpunkte und sprechen in unterschiedlichen

> Notwendiger denn je: ein Ethos für die eine Welt.

Bildern und Symbolen. Hinter den verschiedenen Begriffen steckt aber doch die gleiche Sehnsucht: eine Welt zu schaffen, in der alle Menschen in Freiheit und Gerechtigkeit leben können, in der die Würde der Menschen geachtet wird und das Wohl des Menschen höher steht als der wirtschaftliche Erfolg.

In den letzten Jahren ging von religiösen Konflikten viel Gewalt aus. Das ist immer ein Zeichen, dass man das Wesen der Religion nicht erfasst hat, sondern die Religion politisiert und als Rechtfertigung für die Vernichtung von andersgläubigen Menschen missverstanden hat. Umso wichtiger ist es, dass die Religionen das Friedenspotenzial, das in ihnen steckt, zum Wohl der ganzen Menschheit entfalten. Auch wenn die Deutungen der Welt und das Verständnis Gottes sich in den verschiedenen Religionen unterscheiden, so können sie sich doch gemeinsam für Gerechtigkeit, Frieden und Freiheit einsetzen.

Aber nicht nur die Religionen sind gefragt, sondern auch die Politiker und Unternehmenslenker, Wissenschafter, Philosophen und Psychologen. Wir brauchen Phantasie, damit eine Welt entstehen kann, die für alle ein Ort der Heimat und des erfüllten Lebens ist. Wir spüren, dass unsere politischen und wirtschaftlichen Wege in den letzten Jahrzehnten nicht in eine bessere Zukunft geführt haben. Dabei geht es jetzt nicht darum, Politiker und Unternehmer anzuklagen. Viele haben sich mit ihrer ganzen Kraft für eine bessere Welt eingesetzt. Aber offensichtlich hatten wir alle nicht die Phantasie, wie ein zukünftiges Miteinander aussehen könnte. Wir haben zu sehr versucht, die Tagesgeschäfte gut zu erledigen.

Aber es gab wenig Zukunftspläne, wenig utopische Entwürfe. Der griechische Philosoph Heraklit hat den schönen Satz geprägt: »Wer aber das Unverhoffte nicht erhofft, der wird es nicht finden.« Wir brauchen Phantasie, um von einer besseren Welt träumen zu können. Ob diese Träume dann Wirklichkeit werden, ist nicht so entscheidend. Aber wichtig ist, dass wir überhaupt über die unmittelbare Gegenwart hinaus denken, dass wir den Mut haben, das Unverhoffte zu erhoffen. Ohne diese Phantasie und ohne diese Hoffnung werden wir in der Gestaltung der Welt nicht weiterkommen.

Jetzt ist die Zeit

Jetzt ist nicht die Zeit, wieder zum alten Trott zurückzukehren, sondern es ist die Zeit zum Nach-Denken – und dafür, aus diesem Nachdenken Konsequenzen für mein eigenes Leben zu ziehen. Was habe ich gelernt in der Zeit der Krise, in der Zeit der Einschränkungen? Welche guten Erfahrungen habe ich gemacht mit der Entschleunigung, mit der Erfahrung der Stille, mit dem Sich-selber-Aushalten? Welche Erfahrungen habe ich mit anderen Menschen gemacht? Wo habe ich neue Kontakte geknüpft? Habe ich Menschen näher kennengelernt, weil es in den Gesprächen nicht mehr nur um äußerliche Probleme ging, sondern um das, was uns wirklich im Tiefsten angeht, um unsere Endlichkeit, um unsere Einsamkeit, um das, was uns trägt? Wie kann ich die guten Erfahrungen, die ich in der Krise mit mir

Nachdenken – und für sich selber Konsequenzen ziehen.

und anderen gemacht habe, weitertragen in meine Zukunft hinein?

Manche Ansprüche, die wir normalerweise an das Leben stellen, wurden in der Krise reduziert. War die Reduzierung nur schmerzlich? Oder hat sie mich auf eine andere Ebene geführt? Vielleicht hat mich die Reduzierung meiner Ansprüche gelehrt, genauer zu unterscheiden, welche Ansprüche ich weiterhin an mein Leben stellen soll und welche ich auch getrost loslassen kann. Die Krise fordert mich heraus, meine Prioritäten neu zu setzen. Auf welche Werte werde ich also künftig setzen? Worauf will ich etwa mehr Wert legen: auf große Urlaubsreisen oder auf mehr Zeit für meine Familie und meine Freunde?

Jedem wird im Nachdenken über die Krise etwas anderes einfallen. Aber es ist durchaus sinnvoll, darüber nachzudenken, vielleicht auch für sich selbst manches aufzuschreiben, worauf man in Zukunft Wert legen will. Es geht nicht darum, sich nur gute Vorsätze zu machen. Hilfreicher wäre es, auf der Grundlage einer Prioritätenliste für das nächste Jahr ein Übungsprogramm zu entwerfen, das einen in eine größere Lebendigkeit und Freiheit, in eine größere Liebe und in einen tieferen Frieden führen könnte.

Bei diesem Nachdenken sollten wir bei uns selber anfangen und nicht sofort Forderungen an die Politiker und Wirtschaftslenker stellen. Es ist immer leichter, andere zur Umkehr aufzurufen, als selbst anzufangen. Natürlich braucht es auch eine neue Politik. Aber auch die hängt nicht nur von den Politikern ab, sondern von uns selbst, die wir durch unser Wahlverhalten und unser gesellschaftliches Engagement die

Politik mitprägen. Daher möchte ich nur ein paar Gedanken aufschreiben, wie jeder von uns dazu beitragen kann, dass die Welt menschlicher und lebenswerter wird.

Weil wir erlebt haben, welche Gefahren neue Grenzziehungen und Abgrenzungen mit sich bringen, sollten wir, bevor wir an unser Tun denken, zuerst einmal auf unsere Sprache achten. In unserer Gesellschaft wird oft eine spaltende und verurteilende Sprache gesprochen. Sprache kann eine Gesellschaft spalten, sie kann Konflikte schüren und Vorurteile verstärken. Die Kirchenväter sagen, dass wir mit unserer Sprache ein Haus bauen. Und die Frage ist, welches Haus wir bauen: ein Haus, in dem wir uns nicht wohl fühlen, weil es so kalt ist, weil da so viele giftige Pfeile geschossen werden, weil da so viel verurteilt und bewertet wird – oder ein Haus, in dem sich die Menschen zu Hause fühlen, in dem sie sein dürfen, wie sie sind, in dem sie sich angenommen fühlen und wertgeschätzt werden, in dem ein Miteinander entsteht und die Menschen sich gegenseitig stützen. Mit einer solchen Sprachkultur lassen sich auch Konflikte leichter lösen. Und einer verbindenden Sprache kann dann die praktische Haltung eines vertieften Miteinander folgen.

Wir sind jeden Tag dafür verantwortlich, wie wir mit Menschen, zu Menschen und über Menschen sprechen. Und mit unserer Sprache schaffen wir eine Wirklichkeit. Daher ist es die erste Aufgabe, auf unsere Sprache zu achten und mit unserer Sprache ein Haus zu bauen, in dem sich alle Menschen wohl fühlen.

> Gegen Spaltung und Verurteilung: Eine versöhnende Sprache tut uns allen not.

Was wir uns künftig verstärkt vor Augen halten sollten: Jeder von uns konsumiert täglich nicht nur Lebensmittel, sondern all die Dinge, die wir zum Leben brauchen. Viele schimpfen auf die Firmen, die zu viel Plastikmüll erzeugen oder Unnötiges produzieren. Aber wir bestimmen durch unseren Konsum mit, was produziert wird. Die Firmen können nicht an unseren Wünschen und unserem Kaufverhalten vorbeiproduzieren. Sonst würden sie darauf sitzen bleiben. Viele sagen: Hauptsache, ich kaufe möglichst billig ein. Doch das hat Konsequenzen etwa für die landwirtschaftlichen Erzeuger, die dadurch gedrängt werden, ihre Betriebe zu vergrößern und die herkömmliche Landwirtschaft immer mehr zu einer landwirtschaftlichen Industrie werden zu lassen. Wir Konsumenten bestimmen schon im Kleinen mit, indem wir etwa Plastiktaschen bevorzugen oder auf nachhaltige Verpackung umsteigen.

Unseren Konsum auf eine zukunftsfähige Welt ausrichten.

Es geht beim Konsum aber nicht nur darum, umweltbewusst zu konsumieren. Es geht auch um die Frage der Menge. Brauche ich all das, was ich in meinem Haus herumstehen habe? Brauche ich so viele Kleider und Schuhe? Muss ich von technischen Geräten immer das neueste Modell haben? Muss der Wasserverbrauch so hoch sein? Kann die Temperatur, mit der wir unsere Häuser heizen, etwas niedriger sein? Müssen wir unsere Mobilität immer weiter ausdehnen und auf Auto und Flugzeug verlagern? Sind Urlaubsreisen in fernste Regionen zu unserem Glück wirklich notwendig? Wir sollen nicht kleinlich den anderen vorrechnen, dass sie weniger verbrauchen dürfen. Aber jeder sollte sein eigenes Konsumverhalten überprüfen. Damit leistet er einen Beitrag zu einer lebenswerten Zukunft.

Viele sagen: Von meinem bisschen Konsum hängt die Zukunft der Welt nicht ab. Das stimmt natürlich. Aber wenn ich anfange, dann kann auch eine Bewegung entstehen. Das haben wir in den letzten Jahren oft genug erlebt: Es sind immer Einzelne, die eine Gesellschaft voranbringen. Ganz allein kann man nicht viel bewirken. Man braucht Verbündete, Gemeinschaften. Auch die Klöster lebten ja schließlich in der Geschichte eine alternative Kultur, die ausstrahlte. Gerade die Kirche sollte eine Gegenkultur aufbauen, die zeigt, dass es auch anders geht, und die dem totalitären Zug widerspricht, dass alle das Gleiche haben oder tun müssten. Die Welt ändert sich nicht durch Moralisieren, sondern dadurch, dass Einzelne sich wirklich wandeln – in ihrem Denken, aber eben auch in ihrer Lebenspraxis.

Natürlich wird die Welt insgesamt nicht schon dadurch besser, dass ich den Müll trenne. Aber ohne das konkrete Verhalten Einzelner ändert sich nichts im Großen. Und wenn ich mir manchen Unsinn nicht ansehe und nicht bei allem mitmache, hat das Auswirkungen. Also: Nicht alles konsumieren! Auch mal Nein sagen! Es bleibt die Gewissensfrage für jeden Einzelnen: Wie will *ich*, wie kann *ich* leben? Wie werde *ich selber* »wesentlich«? Was hindert mich daran, so zu leben, dass mein Leben zum Segen wird für andere? Aber damit das auch als Wirklichkeit sichtbar und wirksam wird, sollten solche Einzelnen miteinander verbunden sein. Deswegen sind auch Gruppen wichtig.

Die Krise hat auch gezeigt, wie wichtig die Wirtschaft für unsere Gesellschaft ist. Sie stellt die nötigen Arbeitsplätze zur Verfügung, damit möglichst viele Menschen ihren Lebensunterhalt verdienen können. Sie sorgt dafür, dass wir die lebensnotwendigen Dinge kaufen können.

Unsere Wirtschaft soll der ganzen Welt dienen.

Die Wirtschaft trägt zum Wohl der Gesellschaft sehr viel bei. Sie ist für das Zusammenleben wichtig, aber sie ist nicht alles. Das ökonomische Denken nach dem Prinzip »Zeit ist Geld« darf nicht auch auf die Bereiche des Privaten, des Sozialen und Kulturellen übergreifen. Es hat sich herausgestellt, dass eine Wirtschaft, die nur auf Gewinnmaximierung ausgeht, ohne auf das Gemeinwohl zu achten, der Gesellschaft und den Menschen schadet.

Ich habe in den letzten Jahren dankbar wahrgenommen, dass viele Firmen tatsächlich ernsthaft damit angefangen haben, die Werte zu betonen, die ihr Wirtschaften prägen. Werte machen eine Firma wertvoll. Und Werte dienen letztlich einem guten Miteinander. Das englische Wort für Wert, »value«, kommt vom lateinischen »valere«, das »gesund sein« bedeutet. Werte sorgen für ein gesundes Leben vieler Menschen. Ein Wert, den die Firmen für sich seit einigen Jahren entdeckt haben, ist das rechte Maß, modern würden wir sagen: die Nachhaltigkeit. Sie gehen nachhaltig mit den Ressourcen der Schöpfung um, aber auch mit den Kräften ihrer Mitarbeiter. Und viele Firmen haben entdeckt: Wenn sie Vorreiter sind für ein umweltbewusstes Wirtschaften, dann kann das durchaus auch ein ökonomischer Erfolgsfaktor sein.

Beim Wirtschaften dürfen wir aber nicht nur an Einschränkungen denken, an Verbote in Bezug auf einen zu hohen Energieverbrauch usw. Es geht immer auch um Forschung. Wichtige Probleme unserer Welt wurden in der Vergangenheit durch wissenschaftliche Forschungen und Entdeckungen gelöst. Vielfach gelang das nicht in Konkurrenz, sondern in Kooperation. Das galt in der Medizin, aber auch in der Technologie. Firmen haben auch die Verantwortung, in die Forschung zu investieren, um gerade auch beim Thema Klimawandel neue Wege zu entdecken, wie wir das Problem des Energieverbrauchs und des CO_2-Ausstoßes auf Dauer lösen können. Die Pandemie hat klargemacht, wie wichtig es ist, sich auf verlässliche Informationen stützen zu können, sie hat uns gezeigt, dass wir immer weiter forschen müssen, weil immer neue Probleme auftauchen. Wir dürfen uns in der Forschung nicht ausruhen. Sonst überrollen uns die Probleme, die in den letzten Jahren in immer kürzeren Abständen aufgetaucht sind.

Schließlich: Es war eine große Errungenschaft, dass die europäischen Staaten sich zusammengeschlossen haben. Damit haben zumindest in Europa die Kriege aufgehört. Wir erleben, wie schwer es den europäischen Staaten oft fällt, gut und gerecht miteinander umzugehen. Aber immerhin ist es der Versuch, nicht nur rein national zu denken, sondern für das ganze Haus Europa zu sorgen. Heute muss jedoch der Blick weiter gehen in die ganze Welt. Bei politischen Entscheidungen müssen wir immer das Wohl der gan-

> Notwendig ist eine Politik, die die ganze Welt im Blick hat.

zen Welt und auch der zukünftigen Generationen, die auf dieser Welt leben, bedenken. Verantwortung bedeutet – um es noch einmal mit dem Philosophen Hans Jonas zu sagen –, bei allen Entscheidungen das Wohl der ganzen Welt mit zu bedenken. Er hat den Grundsatz formuliert, der für jeden von uns gilt – heute mehr denn je: »Handle so, dass die Wirkungen deiner Handlung verträglich sind mit der Permanenz echten menschlichen Lebens auf Erden.«

Ausgewählte Literatur

Weisung der Väter. Apophthegmata Patrum, übers. von Bonifaz Miller, Freiburg 1965

Die Benediktusregel, lat./dt., hrsg. im Auftrag der Salzburger Äbtekonferenz, Beuron 1992

Dietrich Bonhoeffer, *Gemeinsames Leben*, Gütersloh 292010

Dietrich Bonhoeffer, *Widerstand und Ergebung. Briefe und Aufzeichnungen aus der Haft*, Hrsg. von E. Bethge, München 1951

Pascal Bruckner, *Ich leide, also bin ich. Die Krankheit der Moderne. Eine Streitschrift*, Weinheim 1996

Georges Cottier, *Das Krisenbewusstsein in der modernen Philosophie*, in: Norbert A. Luyten (Hrsg.), *Krise im heutigen Denken?*, Freiburg 1972, 7–41

Evagrius Ponticus, *Praktikos. Über das Gebet*, Münsterschwarzach 1986

Manfred Folkers, Niko Paech, *All you need is less. Eine Kultur des Genug*, München 2020

Viktor E. Frankl, *Der Wille zum Sinn*, Bern 1977

Erich Fromm, *Haben oder Sein*, Stuttgart 1976

Papst Franziskus, *Die Enzyklika »Laudato si'. Über die Sorge für das gemeinsame Haus«*, kommentierte Ausgabe, Freiburg 2015

Einfach leben. Ein Brief von Anselm Grün, hrsg. von Rudolf Walter, Freiburg 2006ff

Einfach leben. Themenhefte, hrsg. von Rudolf Walter: *Die Kraft der Stille* (2015); *Lebensübergänge* (2017); *Zeit für Pausen – Zeit für mich* (2017); *Helfen tut gut* (2018); *Gottesmomente* (2018); *Glücksfaktor Dankbarkeit* (2020)

Anselm Grün, *Im Zeitmaß der Mönche*, Freiburg 2003

Anselm Grün, *Verwandle deine Angst. Ein Weg zu mehr Lebendig-keit – Spirituelle Impulse*, Freiburg 2006

Anselm Grün, *Vom Glück der kleinen Dinge. Wege zur Zufrieden-heit*, Münsterschwarzach 2018

Anselm Grün, *Staunen – Die Wunder im Alltag entdecken*, Frei-burg 2018

Anselm Grün, *Quarantäne! Eine Gebrauchsanweisung. So gelingt friedliches Zusammenleben zu Hause*, Freiburg 2020

Anselm Grün / Walter Kohl, *Was uns wirklich trägt. Über gelingen-des Leben*, Freiburg 2014

Anselm Grün, *Der Weg ins eigene Herz. Wie Leben gelingt – Geschich-ten aus den Weltreligionen*, Freiburg 2020

Romano Guardini, *Tugenden. Meditationen über Gestalten sittlichen Lebens*, Würzburg 1963

Romano Guardini, *1945. Worte zur Neuorientierung*, Ostfildern 2015

Georg Holzherr, *Die Benediktsregel. Eine Anleitung zu christlichem Leben*, Einsiedeln 1985

Hans Jonas, *Das Prinzip Verantwortung. Versuch einer Ethik für die technische Zivilisation*, Frankfurt am Main 2003

Carl Gustav Jung, *Gesammelte Werke*, Bde. 8, 11 und 16, Zürich 1958ff

Hans-Josef Klauck, *Konflikt und Versöhnung*, Würzburg 1995

Wilhelm Korff, Art. *Solidarität*, in: Christian Schütz (Hrsg.), *Praktisches Lexikon der Spiritualität*, Freiburg 1988, 1155–1159

Hans Küng, *Handbuch Weltethos. Eine Vision und ihre Umsetzung*, München 2012

Marc Oraison, *Überwindung der Angst*, Frankfurt am Main 1973

Josef Pieper, *Muße und Kult*, München 1948

Rudolf Walter (Hrsg.) *Lass deiner Seele Zeit. Entdeckungen durch Langsamkeit und Ruhe*, Freiburg 2017

Notker Wolf, *Gönn dir Zeit. Es ist dein Leben.* Freiburg 2019

Aus Krisen werden Chancen

In jeder Buchhandlung!

HERDER

www.herder.de

Einfach leben – besser leben

**Der Weg ins eigene Herz
Wie Leben gelingt –
Geschichten aus den Welt-
religionen**
ISBN 978-3-451-00861-0

Lebe ich wirklich sinnvoll? Und wie komme ich zum
Einklang mit mir selbst? Anselm Grün antwortet
auf solche Fragen nicht abstrakt, sondern mit
Geschichten aus den Weltreligionen, die ins Herz
unserer spirituellen Suche heute treffen.

**Staunen – Die Wunder im
Alltag entdecken**
ISBN 978-3-451-00657-9

Staunen – Anselm Grüns Grundkurs für die Wunder
des Alltäglichen, eine Einladung zum Glücklichsein.

**Vertrauen schenken, Ver-
trauen stärken
Was unserem Leben Halt
und Richtung gibt**
ISBN 978-3-451-00816-0

Anselm Grün zeigt in seinen Texten spirituelle
Wege zu innerem Halt, zu Vertrauen in andere und
zu neuem Vertrauen in den tiefsten Grund unseres
Daseins, dem wir noch im Tod tragend verbunden
sind.

**Jeden Tag zur Ruhe kommen
Jahresbegleiter**
ISBN 978-3-451-03110-6

Bei sich ankommen und sich nicht aus dem Gleichgewicht bringen lassen. Wie einfach das geht, zeigt
Anselm Grün mit einem Impuls für jeden Tag.

Was der Seele gut tut
ISBN 978-3-451-00559-6

Die schönsten Texte Anselm Grüns, die helfen, den
Reichtum der eigenen Seele zu entdecken. Bele-
bend, inspirierend. Balsam für den Alltag.

In jeder Buchhandlung!

HERDER

www.herder.de